日本の神々をサブカル世界に大追跡

古代史ブーム・データブック

原田　実
Harada Minoru

BNP
ビイング・ネット・プレス

まえがき

貴方はゲームやマンガの中で、明らかに日本語表記のためのものなのに、日常生活ではお目にかかったことがないような文字を見たことはないだろうか。それらにはしばしば神代文字《じんだい》（漢字伝来以前の古代日本で使われていた〝とされる〟文字）が含まれている。

貴方は、アニメや特撮作品のメカや登場人物として「アマテラス」「スサノオ」「ツキヨミ」「オモイカネ」「カグツチ」「ワダツミ」などの名（もしくはそれらをもじったと思われる名）をみかけたことはないだろうか。これらはもともと日本神話での神名である。

これらの事実からうかがえるように、日本神話・古代史はサブカルチャーにとって重要なネタ元となっている。

また、最近では喫茶店などで大人の男女だけのグループが変身ヒーロー、怪獣、巨大ロボット、魔法少女の話をしているという情景はさして珍しいものではない。しかし、ほんのつい最近まで、十代後半以降になってもそれらに関心を持つ、というのが恥ずかしいこと、人前ではとても口にできないこととされていた、ということを忘れている（もしくは世代的にその時代を知らない）という人も多いのではないだろうか。

大の大人が人前で『ウルトラマン』や『仮面ライダー』の話ができるようになったのは、だいたい1990年前後のことだ。さらにその当時、大人にとってそれらの話題はあくまでノスタルジーの対象としてのみ受容されるべきものだとの認識もあった。リアルタイムのアニメや特撮番組の話を大人が商売抜きで堂々とできるようになるにはさらに数年をまたなければならない。

こうした社会通念の変化がなぜ起こったのか。最大の要因は、サブカルチャーの中でも子供向けとされていた一部のジャンルが、ある時期を境に視聴者の子供時代だけではなく（おそらくは）終世、影響を与えうるようなクオリティを得たためである。

そして、その時期はいわゆる古代史ブームの隆盛とも重なっていた。日本のサブカルチャーに日本神話・古代史由来の材料が混入するようになったのは、その変革の担い手が当時のトレンドをとりいれていった結果である。さらに言えば、古代史ブームそのものが広い意味でのサブカルチャーの一端を成していたのだ。

古代史ブームが実質的に終わった後も、そのミーム（文化的遺伝子）はサブカルチャー全般に広く浸透し、今も日本神話・古代史モチーフの作品を再生産し続けている。

本書は、日本のサブカルチャー変革期と古代史ブームとの関係を検証し、さらに未来への展望を示そうとするものである。

目次——日本の神々をサブカル世界に大追跡

日本の神々をサブカル世界に大追跡

古代史ブーム・データブック

第1章 古代史ブームとオタク文化の接点

二つの同人誌文化

いわゆるオタク文化の発祥をどこに置くか、難しい問題ですが一応、一つの目安となるのは1975年12月21日、東京虎ノ門の日本消防会館で開催された第一回コミックマーケットでしょう。もちろんそうした催しが行われるということ自体、それ以前からマンガ・アニメの同人誌活動が地下水脈的に発展していたことを示すものだった。同人誌がさかんに作られるようになったきっかけとしてはテレビアニメ『海のトリトン』（1972）『科学忍者隊ガッチャマン』（1972〜

●**『海のトリトン』** 1972年4月1日〜9月30日、ABC制作、TBS系で毎週土曜日19時〜19時30分に全27話放送。原作手塚治虫、西崎義展テレビアニメ初プロデュース作品、富野喜幸（現・富野由悠季）初監督作品。日本で初めてテレビアニメのファンクラブができた作品であり、女性ファンが多かっ

74）『宇宙戦艦ヤマト』（1974〜75）などが挙げられますが、その後、『勇者ライディーン』（1975〜76）『超電磁ロボ　コン・バトラーV』（1976〜77）『超電磁マシーン　ボルテスV』（1977〜78）『無敵超人ザンボット3』（1977〜78）『闘将ダイモス』（1978〜79）など日本サンライズ製作の一連の作品がブームを次第にもりあげました。そのサンライズ作品の中でも特にエポックとなったのが『機動戦士ガンダム』（1979〜80）です。

これらの作品は作り手の意図としては少年向けでしたが、実際には女性ファンも多く、初期の同人誌活動は少女たちによって切り開かれた感もありました。

一方で、同人誌市場の成熟とともに、それまで潜在的なものだった魔女っ子ものの男性ファンが発表の場を得て、自分たちの趣味を主張し始めるという現象が起きる。いわば当初想定した支持層と実際のファン層との間に、ジェンダーのねじれが生

たことも特徴的。書影は『ファンタジー・アニメアルバム　海のトリトン』（1978少年画報社）。

●**『科学忍者隊ガッチャマン』**　1972年10月1日〜74年9月29日、タツノコプロ制作、フジテレビ系で毎週日曜日18時〜18時30分に全105話放送。78年にテレビ版再編集の劇場版アニメ映画公開、78年に『科学忍者隊ガッチャマンII』全52話、79年に『科学忍者隊ガッチャマンF』全48話放送。

●**『宇宙戦艦ヤマト』**　1974年10月6日〜75年3月30日、読売テレビ系で毎週日曜日19時30分〜20時に全26話放送。企画制作西崎義展、設定デザイン松本零士、SF設定豊田有恒、77年にテレビ版再編集の劇場版アニメ映画公開、その後のテレビシリーズ・劇場版映画の人気はアニメブームの火付役となり、成人をふくむアニメ文化を定着させた。

●**『勇者ライディーン』**　1975年4月4日〜76年3月26日、創映社制作、NETテレビ系で毎週金曜日19時〜19時30分に全50話放

じてしまったわけです。

これでそれまで女の子向けに作られていた魔女っ子ものについて、男性ファンの獲得を意識した作り方がなされるようになり、やがては最初から男性向けに作られた魔法少女ものや、男の子向け作品の要素を取り込んだ美少女バトル物が現れる。男の子向け作品についても、女性ファンの支持を得るための美系キャラ、美少年キャラを最初から組み込むようになっていく。

マンガ・アニメの同人誌活動がさかんになるとともにジャンル的に親和性がある特撮映画・番組や一部の小説（現在のライトノベルの源流）もその対象としてとりこまれていきます。また、1980年代にコンピュータRPGが登場すると、そのユーザーも同人誌活動に参加する（もしくは同人誌作者たちがゲームのユーザーになっていく）。さらに同人誌出身者が一次情報の作り手となってマンガ・アニメ・ゲーム・ライトノベルなどの世界観を多様化していく、という形で現代に続くオタク

送。主人公は古代ムー帝国の血を受け継ぐ少年で、ムーの守護神ライディーンと一体化して戦う。原作鈴木良武、チーフディレクター富野喜幸（1〜26話）、総監督長浜忠夫（27〜50話）、キャラクターデザイン安彦良和。

●『**超電磁ロボ　コン・バトラーV**』1976年4月17日〜77年5月28日、NET系（77年4月2日からテレビ朝日）で毎週土曜日18時〜18時30分に全54話放送。原作八手三郎、総監督長浜忠夫、キャラクターデザイン安彦良和。

●『**超電磁マシーン　ボルテスV**』1977年6月4日〜78年3月25日、テレビ朝日系で毎週土曜日18時〜18時30分に全40話放送。原作八手三郎、総監督長浜忠夫、キャラクターデザイン聖悠紀。

●『**無敵超人ザンボット3**』1977年10月8日〜78年3月25日、名古屋テレビをキー局として毎週土曜日17時30分〜18時（テレビ朝日系金曜日18時〜18時30分）に全23話放送。原作鈴木良武・富野喜幸、総監督富野喜

文化が形成されたわけです。

さて、今では忘れられがちなことですが、ソニーがベータ方式の家庭用ビデオデッキを発売したのは第一回コミケが開かれたのと同じ1975年のことです。それ以前にも家庭用ビデオデッキはありましたが高価で、かさばるうえ、使いづらい代物だったため、まったく普及しなかった。翌76年にVHS方式のビデオデッキが登場、78年にメーカー間の取り決めでVHSに規格統一。実際に家庭用ビデオデッキが一般に広まったのは80年前後のことです。

つまり、1970年代前半の同人誌活動の担い手は自分で番組を録画できなかったわけです。デッキがないわけですから、もちろんソフトの発売もない。だから、昔の番組を見るには再放送を小まめにチェックするしかなかった。

で、デッキが普及し始めると、各地方の再放送情報を調べて、現地の同好の士とテープの貸し借りをするようになる。パ

幸、キャラクターデザイン安彦良和。

●『**闘将ダイモス**』1978年4月1日～79年1月27日、テレビ朝日系で毎週土曜日18時～18時30分に全44話放送。原作八手三郎、総監督長浜忠夫、キャラクターデザイン聖悠紀。

●『**機動戦士ガンダム**』1979年4月7日～80年1月26日、テレビ朝日系で毎週土曜日17時30分～18時に全43話放送。原作矢立肇・富野喜幸、総監督富野喜幸、キャラクターデザイン安彦良和。青年層をターゲットに制作されたため本放送での視聴率は奮わなかったが、アニメファンの口コミにより人気が上昇し再放送、再々放送を経て、劇場版三部作が制作された。その後も続々とシリーズ化され、アニメ・映画・コミック・ノベルス・コンピュータゲーム・プラモデル

ソコンも携帯電話もない、各家庭に電話は一回線が当たり前の時代ですから、遠方の同志との連絡は文通です。で、商業出版のアニメ専門誌もない頃なので、一般雑誌の投稿欄などを使って同志を募る（ちなみに商業出版初のアニメ専門誌は、１９７７年創刊の『ＯＵＴ』。しかも創刊当初は総合情報誌を目指していたのがたまたま創刊2号での『宇宙戦艦ヤマト』特集記事が受けたためにその方向に特化していった経緯がありますす）。

さらにいえば、80年代頃までは、中学生や高校生にもなってアニメや特撮番組を見るというのはとても恥ずかしいこととされていた。それも、大人からの圧力以上に同年輩の少年少女からの視線が痛かった。いわばクラスメートからも監視されていたようなものです。だからこそ同好の士は文通やテープの貸し借りを行うことでネットワークを作り、その中での結束を固めることで世間の抑圧に抗したわけです。

等、一大ガンダム文化を展開している。書影は、安彦良和『機動戦士ガンダム ＴＨＥ ＯＲＩＧＩＮ』（２００２ 角川コミック・エース）。

さて、この動きに並行する形で展開した文化現象として古代史ブームが挙げられます。その前身となったのは邪馬台国《やまたいこく》ブームで、きっかけになったのは1967年、盲目の作家・宮崎康平の『まぼろしの邪馬台国』がベストセラーになったことで、この本は第一回大佛次郎賞を受賞しています。さらに翌68年には松本清張が『古代史疑』を発表、推理作家が古代史論争に参加する流れができる。

また、同じ1968年に韓国籍の作家・金達寿《きむだるす》が京都で『日本の中の朝鮮文化』を発刊、古代日本の文化はことごとく朝鮮半島からもたらされたという史観を展開していく。

1970年の鳥越憲三郎『神々と天皇の間』、72年の八切止夫『日本原住民史』、やはり72年の梅原猛『隠された十字架』、73年の古田武彦『失われた九州王朝』など70年代初めには古代史書籍のヒット作がぞくぞくと登場する。

また、1972年には高松塚古墳の壁画発見が話題になった

■宮崎康平（1917〜1980）作家。ベストセラー『まぼろしの邪馬台国』の著者としてだけでなく、『島原の子守唄』の作詞者としても有名。邪馬台国を自らの郷里である長崎県島原市に求めることでお国自慢的邪馬台国論の元祖ともなった。ちなみに女優・宮崎花蓮は彼の孫にあたる。

●宮崎康平『まぼろしの邪馬台国』1967講談社、1980年に講談社より新版、1982年に講談社文庫、2008年に講談社文庫で新装版全2巻。2008年に堤幸彦監督で映画化。

こともあり、日本古代史が少数のファンだけではない、世間一般の関心を集める話題になっていく。72年には「東アジアの古代文化を考える会」という組織が結成されていますが、これは進歩派の知識人を集めたサロン的側面と一般の人を交えた市民団体的な面を双方とも持っていました。

古代史ファンのすそ野が広くなれば、自分でも古代史について何か書いてみたい、という人が増えるのは当然の成り行きです。そのため、古代史に関する自費出版書籍や同人誌もぞくぞくと刊行されるようになりました。

もっとも、古代史ブームの当時には、マンガ・アニメ関係の同人誌と古代史の同人誌との間にはほとんど接点はありませんでした。

マンガ・アニメ関係の同人誌を作っていたのは1950年代末生まれ以降の世代だった。それに対して、著者として、また読者として、古代史ブームを支えたのは主に戦前の教育を受け

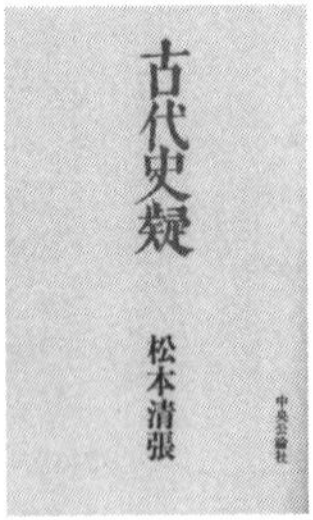

●松本清張『古代史疑』1968　中央公論社、1974年に中公文庫、現在は『松本清張全集』第33巻（1978　文藝春秋）で入手可能。書影は初版扉。

■金達寿（1919〜1997）作家。朝鮮慶尚南道昌原郡（現韓国・馬山市）出身。『玄界灘』（1954）『太白山脈』（1969）など小説の方面での業績も大きいが、実質上のライフワークは『日本の中の朝鮮文化』といえよう。

●金達寿『日本の中の朝鮮文化　その古代遺

た世代です。さらにいわゆる団塊の世代（１９４０年代後半の生まれ）がそれに加わったものの後続の世代を取り込むことはできなかった。だからこそ90年代に入る頃には古代史ブームは終焉に向かっていきます（90年代には入れ替わるように縄文ブームともいうべきものが勃興しますが、それについては後述します）。

したがって同時並行的に存在した二つの同人誌文化の担い手

跡をたずねて』 １９７０　講談社、講談社から１９７１年に『日本の中の朝鮮文化１相模・武蔵・上野・下野ほか』が刊行され、１９９１年の『12 陸奥・出羽ほか』まで21年をかけて日本各地版が完結した。１９８３年から講談社文庫で全12巻、２００１年から講談社学術文庫、現在入手不可。書影は１９７１年版。

■**鳥越憲三郎**（１９１４～２００７）大阪教育大学教授、同名誉教授。専攻は文化人類

高松塚古墳

奈良県明日香村にある終末期古墳（7世紀末もしくは8世紀初頭）。１９７2年3月、奈良県立橿原《かしはら》考古学研究所を中心とする発掘調査チームにより、極彩色の壁画が発見され、マスコミの注目を集めた。古墳は７３年に特別史跡に、壁画は翌年に国宝にそれぞれ指定されるもその後の保存処置は杜撰をきわめ、現在では壁画の存否が危ぶまれている。

は、世代的にほとんど重なることはなかった。

佐々木守の時代

しかし、古代史ブームは確実に後世のオタク文化に影を落としました。それは1960～70年代にマンガやアニメなどを作っていた世代が古代史ブームを支えた世代と重なっていたためです。マンガやアニメの同人誌を作り始めた世代は古代史ブームそのものを引き継ぎませんでしたが、そのミームとも言うべきものを受け継ぎました。

たとえば手塚治虫のマンガ『火の鳥・黎明《れいめい》編』（1967）の舞台が「ヤマタイ国」とされていることや、永井豪とダイナミックプロ原作のアニメ『鋼鉄ジーグ』（1975～76）で敵ボスが「邪魔大王国」の「女王ヒミカ」とされていることなどは古代史ブーム（特にその一角としての邪馬台国ブーム）の

学。日本神話の原型は大和・葛城方面の初期王権の伝承であったという葛城王朝説を展開。主著『神々と天皇の間』（1970）『古事記は偽書か』（1971）『原弥生人の渡来』（1982）『古代朝鮮と倭族』（1992）『古代中国と倭族』（2000）など。

●鳥越憲三郎『神々と天皇の間　大和朝廷成立の前夜』1970　朝日新聞社、1987年に朝日文庫、現在入手不可。

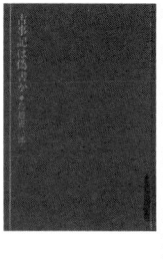

●鳥越憲三郎『古事記は偽書か』1971　朝日新聞社、現在入手不可。

影響を露骨に示したものといえるでしょう。

60〜70年代にあって、自らの古代史への関心を意図的にその作品に反映させた人物の筆頭に佐々木守（１９３６〜２００６）が挙げられます。

佐々木は１９５９年、ラジオのドキュメント番組で脚本家としてデビューしました。佐々木の自伝（『戦後ヒーローの肖像』２００３　岩波書店）によると、彼はラジオ時代にも『少年ロケット部隊』（１９６１〜６２）『戦国忍法帳』（１９６８〜６９）など後年のアニメ・特撮作品に通じる作風の連続ラジオドラマを書いていたとのことです。

活躍の場をテレビに移してからは『七人の刑事』（１９６１〜６９）山口百恵主演『赤い疑惑』（１９７５〜７６）『赤い運命』（１９７６）などのドラマをヒットさせる一方、『ウルトラマン』（１９６６〜６７）『ウルトラセブン』（１９６７〜６８）『コメットさん』（１９６７〜６８）『アルプスの少女ハイジ』

●**鳥越憲三郎『原弥生人の渡来』**１９８２　角川書店、現在入手不可。

●**鳥越憲三郎『古代朝鮮と倭族　神話解読と現地踏査』**１９９２　中公新書。

●**鳥越憲三郎『古代中国と倭族　黄河・長江文明を検証する』**２０００　中公新書。

（1974）など子供向け作品でも数多くの名作を残しました。

その佐々木の作品の中にヒット作ではないがいったん見てしまうと忘れがたい印象を残すものがあります。そして、それらに共通して現れるのが「日本原住民」というテーマなのです。

その筆頭に挙げられるのは特撮番組『アイアンキング』（1972）でしょう。それは石橋正次と浜田光夫という当時を代表するアイドル男優を主役にすえた変身アクション物でした。

主人公コンビは国家警備機構のエージェント。対するは巨大ロボットを操る日本原住民・不知火族《しらぬい》（第一部）、怪獣ロボットを操る世界革命集団・独立幻野党（第二部）、昆虫怪獣に変身できる宇宙からの侵略者・タイタニアン（第三部）。

第三部はさておき、第一部と第二部では、佐々木の同情と共感は国家警備機構（モデルは公安警察）よりも、敵方に向けられていました。たとえば、第一部第一話では、不知火族の頭

■**八切止夫**（1914?〜1987）作家。『信長殺し、光秀ではない』（1967）をはじめ奇矯な歴史観を説く多数の著書を発表。「八切史観」と称される。なお、八切がいう「日本原住民」は日本民族を形成した諸民族のうち、八切が日本の真の支配者（貴種）とみなした中国系を除く人々のことでいわゆる騎馬民族は原住民の側に含まれる（その点、佐々木守のいう「日本原住民」とは異なる概念である）。

●**八切止夫『日本原住民史』**1972　朝日新聞社、2004年に作品社から再刊。

■**梅原猛**（1925〜）哲学者。京都市立芸術大学元学長、同名誉教授。国際日本文化研究センター名誉教授。ものづくり大学初代総長。著書多数。古代史関係の著書としては『隠された十字架』『神々の流竄』の他に『水

領・不知火太郎の朗々たる演説が語られます。

　不知火十人衆の諸君。この日本列島にヤマトの政権が生まれて千五百年。その長きに亙って大和民族が我らに加えた抑圧と弾圧の歴史を思い起こせ。今こそ我らは先祖の血と涙を胸に日本征服の野望達成のために立ち上がる時が来たのだ。そのための準備も整えた。諸君、我らの利器を眼前に示せ！

（佐々木『ネオンサインと月光仮面』２００５
筑摩書房、収録シナリオより）

　そこで佐々木は、主役コンビを組織の一員でありながら、それに縛られない流れ者たちとして描き、一方で不知火族が自衛隊や警察を偽装したり、市長となって公権力を牛耳ったり、あるいは独立幻野党が実は同士の命さえも押しつぶしていく強圧

底の歌』（１９７３）『黄泉の王』（１９７３）『日本冒険』（１９８８〜８９）『海人と天皇』（１９９１）などがある。また、盟友ともいうべき三代目市川猿之助のために歌舞伎台本『ヤマトタケル』『オオクニヌシ』『オグリ』を書いており、それらは「スーパー歌舞伎」と称せられている。

●梅原猛『隠された十字架　法隆寺論』１９７２新潮社、１９８１年に新潮文庫、１９８２年に集英社から『梅原猛著作集』第10巻、現在は新潮文庫（２００３年改版）で入手可能。

●梅原猛『水底の歌　柿本人麿論』１９７３

的な組織であることを示すようなモチーフを随所に盛り込みました。

これにより、国家権力のエージェントであるはずの主役コンビが、権力と闘う孤高のヒーローに見えるという倒錯した構図を描き出したわけです。

なお、余談ながら『アイアンキング』は、主人公は石橋演じる静弦太郎でありながら、タイトルロールの巨大サイボーグに変身するのはその相棒でむしろコメディリリーフの霧島五郎（浜田）である、という点でもかなり実験的な作品でした。

佐々木が脚本を書いたドラマのヒット作に『お荷物小荷物』（1970）という作品があります。それは父権的な家庭にお手伝いさんとしてやってきた沖縄の少女が巻き起こす騒動を描いたもので、その関係が戦後日本における本土と沖縄との関係を投影したものになっているわけです。この作品においては時折、俳優が役を離れた本人の素のコメントを入れるという「脱

新潮社、1982年に集英社から『梅原猛著作集』第11巻、現在は新潮文庫（1983）で入手可能。書影は新潮文庫。

●**梅原猛『黄泉の王　私見・高松塚』**1973新潮社、現在は新潮文庫（1990）で入手可能。

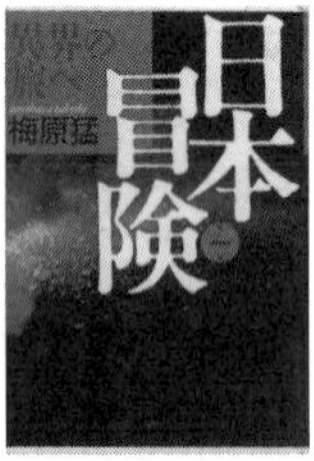

●**梅原猛『日本冒険』**角川書店「第1巻　異界の旅へ」（1988）「第2巻　太陽の輪廻」（1988）「第3巻　予言者の翼」（1989）、1992年に角川文庫から全3巻、現在は『梅原猛著作集』巻7・巻8（2001　小学館）で入手可能。

ドラマ」の主張が話題になった。

で、その続編として作られたのが『お荷物小荷物・カムイ編』（1970〜71）。この作品では主人公の少女は素性を隠したアイヌということになった。で、舞台は前作と同じ家なわけですが、その専制的な家長は北海道で捕えた熊を食べようとしている。実はその熊はアイヌの神として祭られる予定だったため、ヒロインはそれを自分たち民族の下に取り戻そうと画策するわけです。

佐々木はこの作品で、現実問題としてのアイヌ問題を反映させようとした。ところが作中でのアイヌの描写は現実のアイヌというよりも、佐々木のイメージの中の日本原住民に近いものになった。そのため、アイヌの市民団体である北海道ウタリ協会から、テレビ局に「アイヌ問題を興味本位で扱うな」との抗議がなされ、一時は放送中止になったこともあります。また、視聴率的にも前作ほどの数字はとれなかった。

●**梅原猛『海人と天皇　日本とは何か』**　1991　朝日新聞社、1995年に新潮文庫、現在は『梅原猛著作集』巻3・巻4（2002　小学館）で入手可能。

■**古田武彦**（1926〜）歴史学者。専攻は日本思想史。元昭和薬科大学教授。『「邪馬台国」はなかった』（1971）をはじめ古代史関係の著書多数。3世紀の倭の首都の国号は「邪馬臺国」ではなく「邪馬壹国」が正しい、という邪馬壹国説や、紀元前から7世紀までの間で中国正史に現れる「倭」は一貫して九州にあった王権である（したがって畿内の朝廷ではない）という九州王朝説で有名。それらの説の成否については拙著『幻想の多元的古代』（2000　批評社）『トンデモ日本史の真相』（2007　文芸社）参照。

しかし、佐々木はこの作品を気に入っていました。彼の自伝には、この作品で家長を演じた志村喬の話として次のエピソードが記されています。

ある日、奥さんとデパートへ買い物に行かれたとき、母親と一緒に来ていた学齢前の男の子が、つかつかと志村さんに駆け寄っていったそうだ。「じじい、熊、食うなよ」――この話を志村さんは実にうれしそうに話された。黒沢明監督作品などで日本を代表する名優志村喬さんのファンは多かっただろうが、それはいわゆるミーハーや追っかけではもちろんなかった。その志村さんが思いもかけず小さな男の子に声をかけられたのだ。志村さんもうれしかったかもしれないが、それを聞いたぼくもうれしかった。カムイ編は視聴率は期待したほどではなかったが、そんな小さな子どもまで見てくれている。それがテレビの凄さだと

●**古田武彦『失われた九州王朝　天皇家以前の古代史』**１９７３　朝日新聞社、１９９３年に朝日文庫、１９７９年に角川文庫、現在入手不可。

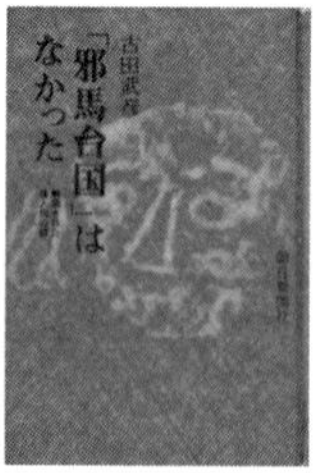

●**古田武彦『「邪馬台国」はなかった　解読された倭人伝の謎』**１９７１　朝日新聞社、１９９３年に朝日文庫、１９７７年に角川文庫、現在入手不可。

思ったものである。

（『戦後ヒーローの肖像』前掲）

このエピソードは佐々木や志村らのこの作品への愛着とともにもう一つのことを示しています。それはこの作品の熱心な視聴者に小さい子供もいたということです。実はこの作品のレギュラー出演者には同時期に仮面ライダー2号・一文字隼人《いちもんじはやと》として人気を馳せた佐々木剛がいた。「一文字隼人」の別の側面を見たくて親と一緒にテレビの前にいた子供も多かったんですね。そして、その子供たちは、年齢的にオタク文化の勃興期を支えた世代と重なるわけです。この作品のヒロインのイメージは後世のゲーム『サムライスピリッツ』（1993）のナコルルあたりに引き継がれているのかも知れません。

佐々木はいわゆる昼メロでも日本原住民テーマの作品を書いています。1976年に放送された『三日月情話』です。「竜

●原田実『幻想の多元的古代　万世一系イデオロギーの超克』2000　批評社。

●原田実『トンデモ日本史の真相』→第5章

●手塚治虫『火の鳥・黎明編』最初に描かれた『火の鳥』は1954年に『漫画少年』に連載された「黎明編」だったが雑誌休刊とともに未完、その後1956年に『少女クラブ』に古代ヨーロッパを舞台とした「エジプト・ギリシャ・ローマ編」を連載するが未完。1967年に雑誌『COM』創刊号から連載されたこの「黎明編」が手塚のライフ

宮城に行く」といって失踪した夫を捜す人妻が、手がかりをもとめて、日本各地の竜宮伝説の後を訪ね歩くうちに、大和《やまと》朝廷に追われた出雲《いずも》族と、大和朝廷を護持してきた久米《くめ》一族の暗闘に巻き込まれていく、という物語です。

昼メロによくあるテーマと言えば不倫です。この作品にも婚姻外の男女の交わりが描かれてはいるのですが、それは一般的な男女の恋愛というよりも日本原住民の存亡をかけた血の継承の問題として語られていく。

どうも放送当時の視聴者にはよく理解されなかった作品のようですが、佐々木自身はこのモチーフが気に入っていて、放送直後にシナリオを自ら小説化して発表しています（『三日月情話』１９７６　東邦出版）。

また、佐々木はさらに後の劇場映画『ウルトラＱザ・ムービー　星の伝説』（１９９０）のシナリオでも浦島伝説と日本原住民の関係というテーマを取り入れていますし、１９９８年

ワークともなる『火の鳥』の序章となった。書影はマンガ少年別冊復刻版（１９９７　朝日ソノラマ）。

●『鋼鉄ジーグ』１９７５年10月５日〜７６年８月29日、ＮＥＴ系で毎週日曜日18時〜18時30分に全46話放映。原作永井豪・安田達也とダイナミックプロ。

●佐々木守『戦後ヒーローの肖像「鐘の鳴る丘」から「ウルトラマン」へ』２００３　岩波書店、現在入手不可。

●『アイアンキング』１９７２年10月８日〜７３年４月８日、ＴＢＳ系で毎週日曜日19時〜19時30分に全26話放送された特撮テレビドラマ。

には『三日月情話』の大筋を、失踪した姉を探す少年の話におきかえた児童文学『竜宮城はどこですか』（くもん出版）を著している。

いかに佐々木が『三日月情話』という作品とそのテーマとに愛着を持ち続けていたかがうかがえますね。

さて、1975年、アイドルを集めたバラエティ番組で『笑って！　笑って‼　60分』というのがあったのですが、その中になぜかそこだけシリアスドラマの「哀愁学園」というショートコーナーがあった。佐々木はそのシリーズの一作としてやはり日本原住民テーマの作品を書いている。しかもこれが古代史ものなのですね。

日本列島を侵略した騎馬《きば》の民が原住民を征服して建てた大和政権は内部からの確執で動揺しつつあった。騎馬の民の中でも原住民に同情的だった聖徳太子《しょうとくたいし》一族が滅びた時、志能備《しのび》（忍者の起源？）として太子一族に仕えていた主人公は天下を原住民

●佐々木守『ネオンサインと月光仮面　宣弘社・小林利雄の仕事』2005　筑摩書房。

■**ナコルル**　1993年にSNKが発表した格闘ゲーム『SAMURAI SPIRITS』に登場するキャラクター。宝刀チチウシを武器とし、森の動物たちとともにアイヌモシリの自然を守って戦うアイヌ少女。ゲーム「サムライスピリッツ」シリーズは現在も続く人気タイトル（最新作は『サムライスピリッツ六番勝負』、2008）だが、ナコルルはそのキャラクターの中でも一番人気で皆勤賞を誇っている。また、このシリーズに基づくOVA『SAMURAI SPIRITS 2〜アスラ斬魔伝〜』（1999）、スピンオフ作品であるアドベンチャー・ゲーム『ナコルル〜あのひとからのおくりもの』、さらのそのOVA化である『ナコルル〜あのひとからのおくりもの〜郷

の手にとりかえすために暗躍する、という内容です。クライマックスは壬申《じんしん》の乱で原住民勢力が大海人《おおあま》皇子を支援して勝利させるが、いったん権力を握った大海人皇子は原住民を裏切るという展開でした。で、主人公も殺されるという凄惨な結末を迎える。

コーナータイトルが「哀愁学園」だというのに学園など出てこない。壮大なストーリーを低予算で、しかも演技力がほとんどないアイドルたちに演じさせるわけですから、最初から無理な話だったわけですが、それでもこの企画を押し通したというあたり、佐々木の意地を感じさせます。

古代史ブームの深層

ところで佐々木のこうした作品群において、日本原住民なるものが想定される以上、それを征服した存在もいるということ

里之畏友編』（2002）などでは主役を務めた。

●佐々木守『三日月情話』1976　東邦出版、現在入手不可。

●『ウルトラQザ・ムービー　星の伝説』1990年4月14日から松竹系劇場公開。監督実相寺昭雄、脚本佐々木守。古代遺跡の発掘現場で起こった謎の殺人事件。ロケ先は佐賀県の吉野ヶ里遺跡、登場する怪獣は、古代に地球にやってきたワダツジン（人間の姿・遮光器土偶型・縄文式土器に似た模様のある複数の姿をもつ）と古代神獣薙羅（弥生時代から地底に眠っていた怪獣。自然や古代遺跡の破壊を阻止）。

●佐々木守『竜宮城はどこですか』1998

になります。「哀愁学園」の例に顕著なように、佐々木の念頭にはそのモデルとして、江上波夫の騎馬民族征服王朝説がありました。

　佐々木は騎馬民族征服王朝説を信じていると常々言っていました。佐々木がシナリオを書いた映画『日本春歌考』（大島渚監督、1967）でも、登場人物の一人が騎馬民族征服王朝説に基づく演説をいきなり始めるくだりがある。

　しかし、佐々木は、騎馬民族征服王朝説を真実だと思っていたかは疑わしい。彼はむしろ「信じている」というポーズをとっていただけではないか、とも思える。

　佐々木は紀行番組『遠くへ行きたい』のレポーターとして、青森県新郷《しんごう》村を訪れたことがある。それはその地に残る（とされた）キリスト渡来伝説を取材するためだったのですが、彼はその旅に関するエッセイで次のように書いている。


くもん出版。

■**江上波夫**（1906〜2002）考古学者。東京大学名誉教授。1948年にシンポジウムの席上で騎馬民族征服王朝説（古墳時代後期以降の王権は朝鮮半島経由で渡来した騎馬遊牧民族によって開かれたという説）を発表。その説がマスコミや多くの市民から注目されたため、結果として江上は古代史ブームにおいては主導的役割を果たすことになった。著書『騎馬民族国家』（1967）『倭人の国から大和朝廷へ』（1984）など。

●**江上波夫『騎馬民族国家　日本古代史へのアプローチ』**1967　中公新書、1991年に中公新書で改版。
●**江上波夫『倭人の国から大和朝廷へ』**1984年に平凡社から『江上波夫著作集』第8巻として発行、現在入手不可。

いまここに、ぼくの目の前に、日本古代史に対する様々な学説がころがっている。いわく「邪馬台国の位置」いわく「九州王朝」いわく「河内王朝」いわく「騎馬民族征服説」いわく「好太王碑文の謎」エトセトラだ。

ぼくは、それらの異説、新説のすべてを支持する。それが「皇国史観」と敵対するものであるかぎり、いかなる珍説であっても支持したいと思う。

だが、その学説・新説・珍説が、証明されればそれでことたれりとする学者的立場は、まったくこれを支持する気はない。学説が証明されたとしても、そのことに関するかぎりは三文の値打ちもないではないか。

（佐々木「キリストの死んだ村」
『歴史読本』１９７４年4月号）

九州王朝説というのは一口で言えば倭《わ》の五王が九州にいたと

●**江上波夫編『騎馬民族とは何か』**１９７５ 毎日新聞社、1973年12月8日に行われた「東アジアの古代文化を考える会」第6回講演会とシンポジウムをまとめたもの。著者・井上靖、江上波夫、大林太良、小田富士雄、加茂儀一、佐口透、芝田清吾、鈴木武樹、豊田有恒、水野祐。現在入手不可。

●**『日本春歌考』**１９６７ 松竹。監督大島渚、脚本田村孟・佐々木守・田島敏男・大島渚、出演荒木一郎・小山明子。「性の歌は民衆の抑圧された声である」という添川知道のベストセラーの主張に共感した大島渚が、即興的な手法で描いた作品。

いう説、河内《かわち》王朝説というのは倭の五王が河内にいた、という説なんですから、これが両立するわけがないんですね。それに九州王朝説の主唱者であった古田武彦は騎馬民族征服王朝説にも、広開土王碑《こうかいどおう》文改竄《かいざん》説にも否定的だった。また、古田武彦は

邪馬台国

中国正史に現れる3世紀頃の倭国の都。当時の倭は三国の魏《ぎ》、次いで西晋《せいしん》に朝貢していた。『三国志』魏志《ぎし》倭人伝《わじんでん》では「邪馬壹国」、『後漢書《ごかんじょ》』倭伝などでは「邪馬臺国」、『梁書《りょうしょ》』倭伝では「祁馬臺国」と記される。このうちで正しい表記は「邪馬臺国」と推定されており、邪馬台国というのはその簡略表記である。当時の倭は女王・卑弥呼《ひみこ》によって治められていたという。邪馬台国の所在について、魏志倭人伝に大まかな位置と朝鮮半島から現地に至るまでの道のりの記事があるが、その解釈をめぐっては諸説紛々たる状況にある。今のところ、それらの説は、畿内説、九州説、その他（海外説、四国説など）に大別できるが、決定的な判断はつけにくい。

「邪馬壹国」説の提唱者ですから「邪馬台国」の表記を使うこと自体、古田説とは噛み合わないわけです。つまり、九州王朝説を支持するというなら、他に列挙しているものは否定しなければならないはずなんですが、佐々木はまったく気にしていないようです。

つまり、佐々木にとっては皇国史観の否定という政治的目的の前には、古代の真実追究などは二次的な問題でしかなかったのですね。

もっともこうした考え方は佐々木一人のものではなく、古代史ブームを支えた論客やファンの多くの間で共有されていました。

中国の吉林省集安というところには414年に高句麗の広開土王の功績を讃えて建てられた碑が残されています。その碑文は戦前には日本の研究者によってさかんに研究されていたのですが、戦後は中国で共産革命が起きたために現地での調査がで

●古田武彦『邪馬壹国の論理』↓第8章

きなくなった。で、古代史ブームの最中に、李進熙《りじんひ》という考古学者が、当時、日本や韓国で見られる碑文の拓本を比較してある結論を出した。つまり、李によると、碑文の文面は明治時代、日本の参謀本部により、日本帝国主義に有利になるように改竄されていた、というのですね。で、彼は次のように宣言した。

今日、日本軍国主義の復活に反対する戦いの中で歴史家

■**李進熙**（1929〜）評論家・考古学者。1975年から96年にかけて『季刊三千里』『季刊青丘』編集長を務める。現在は和光大学名誉教授。広開土王碑文改竄説については悪質な歴史改竄と指弾する向きもあるが、72年当時の史料状況を思えば、十分成り立ちうる仮説だったといえよう。ただし、李が改竄の中心人物とみなした人物についてくわしく調査しようとしなかったこと、改竄が事実上否定された今も自説を撤回していないことなどについては、その公正さを疑われても仕方ない立場にある。

倭の五王

5世紀の中国南朝に朝貢した倭国歴代の王の総称。『宋書《そうしょ》』倭国伝では讃・珍・済・興・武。『梁書』倭伝では賛・彌・済・興・武。大和朝廷の王（記紀における5世紀頃の天皇）と同一人物というのが通説だが、九州や四国の王だったとする論者もある。

に課せられた重要な課題の一つは、皇国史観の侵略的本質を徹底的に打ち砕くことだといえよう。
（李『広開土王陵碑の研究』1972　吉川弘文館）

この言葉は当時の考古学ファンの多くの心情をまさに代弁するものでした。だからこそ、李の広開土王碑文改竄説も古代史ファンの間で広く受け入れられたのです（ただし現在では日本と中国の双方で碑文そのものについての調査が進められ、日本軍による改竄などはなかったことが判明しています）。

古代史ブームの花形スターたちの業績を今見直すと三つの特徴に気づきます。一つは彼らの著書を読んでいくと、古代史研究に志す原体験として、著者の戦争体験に関する記述がしばしば現れることです。

もちろん世代に応じて、その戦争体験というのは、戦場で一兵士として苦しんだことであったり、銃後にあって空襲などで

●**李進煕『広開土王陵碑の研究』**1972　吉川弘文館、現在入手不可。書影は初版扉。

知人や親族を失ったことだったり、子供のころに教師が国家主義・軍国主義からいきなり民主主義・反戦主義に鞍替えしたのを目の当たりにしたことだったりするわけですが、いずれにしてもそれらの体験が古代史見直しの原点になったといっている（だからこそ古代史の本で言及するわけです）。

つまり、彼らはその体験を通じて戦争の愚劣さを学びとった。そして戦時中、当時の政府が皇室の権威をその愚劣な戦争を正当化するものとして使っていたこと、その皇室の権威を支えるものが日本神話であったことを強く印象付けられた。だから、自分たちを戦争へと引きずって行った日本神話の正体をなんとしてもつきとめたい、と願うようになったというわけなんです。

次に注目すべきなのは日本神話へのこだわりですね。邪馬台国ブームのきっかけとなった宮崎康平『まぼろしの邪馬台国』、これは邪馬台国探求の書であるとともに記紀神話解釈の書としての側面を持っている。実際には『古事記』には邪馬台国に関する記述はありません。また、『日本書紀』には邪馬台国に関する記述らしきものがありますが、それについては後世の注記の混入とも言う説さえあるほどで扱いが難しい。

ところが、邪馬台国ブームの最中に出された本の多くは記紀に登場する特定の神や人物を卑弥呼と同一視し、記紀を積極的に邪馬台国問題の史料に用いようとした。

古田武彦や梅原猛といった例外もいますが、その彼らにしても日本神話と史実の関係をテーマにした書籍をそれぞれ著しています（古田『盗まれた神話』1975、梅原『神々の流竄《るざん》』1981）。

彼らは子供の頃、日本神話を史実として学んだ世代です。また、古代史ブーム当時にはそのファンの多くが神話教育を受けた世代で占められていた。

ところが、敗戦後の占領政策で日本神話を学校で教えること

●古田武彦『盗まれた神話　記・紀の秘密』1975　朝日新聞社、1979年に角川文庫、1994年に朝日文庫、現在入手不可。書影は初版扉。

が禁じられた。その後も教育現場では、神話を虚構として嫌う、あるいは軍国主義の淵源として排斥する声が根強かった。戦後生まれの世代は、教育の場では神話から切り離されて育ったわけですね。

神話に代わって「日本のはじまり」を説明するために持ち出されたのが、考古学上の知見と中国正史における古代倭国記事、つまり邪馬台国と倭の五王ですね。

終戦直後の１９４７年、静岡県静岡市の登呂《とろ》遺跡において、弥生《やよい》時代の水田跡や住居跡が多数見つかったことがマスコミに大きく報じられたことも、考古学に対する期待感を教育現場にもたらしたようです。

古代史に限らず、明治期から戦時中までの教育と戦後の教育ではそのバックボーンとなる歴史観は異なっていました。しかし、その違いがもっとも顕著に現れるのは古代史だった。しかも、戦前世代は敗戦において自分たちが受けた歴史教育は誤り

●**梅原猛『神々の流竄』**「第1部　神々の流竄」が１９７０年6月『すばる』創刊号、「第２部　蔭の部分」が１９７０年9月『すばる』2号に掲載、『梅原猛著作集第8巻』として１９８1年に集英社から発行、現在集英社文庫（１９８５）で入手可能。

だった、との疑惑を植えつけられている。そこで戦後における「正しい」歴史と、自分たちがかつて学んだ歴史とがいかなる関係にあるかを模索したいとの衝動も生まれてきた。古代史ブームという現象はその表れの一つとしても解される。そこで日本神話（すなわち戦前の歴史教育の象徴）と考古学・中国正史（すなわち戦後の歴史教育の象徴）との関係性が、その中で問われてくるわけです。

ところで、年配の人にはしばしば司馬遼太郎の小説であるとか、ＮＨＫ歴史大河ドラマとかを歴史として受け入れている人がいますね。若い人には理解不能かも知れませんが、それもまた戦前の教育を受けた世代が、自分たちの歴史観と戦後の歴史観との折り合いをつけようとした結果として説明できるんじゃないか、と思います。まあ、これは余談なわけですが。

さて、古代史ブームに話を戻して、残るもう一つの特徴、これは本人よりも彼らをもてはやしたマスコミやファンの側に

●ＮＨＫ大河ドラマ（第1回～第20回）

『花の生涯』１９６３年、原作／舟橋聖一
出演／尾上松緑・淡島千景・佐田啓二

『赤穂浪士』１９６４年、原作／大佛次郎
出演／長谷川一夫・林与一・宇野重吉

『太閤記』１９６５年、原作／吉川英治
出演／緒方拳・高橋幸治・藤村志保

『源義経』１９６６年、原作／村上元三
出演／尾上菊之助・加東大介・藤純子

『三姉妹』１９６７年、原作／大佛次郎
出演／岡田茉莉子・山崎努・藤村志保・栗原小巻

『竜馬がゆく』１９６８年、原作／司馬遼太郎
出演／北大路欣也・三田佳子・浅丘ルリ子

『天と地と』１９６９年、原作／海音寺潮五郎
出演／石坂浩二・高橋幸治・有馬稲子

『樅ノ木は残った』１９７０年、原作／山本周五郎
出演／平幹二朗・田中絹代・吉永小百合

『春の坂道』１９７１年、原作／山岡荘八
出演／中村錦之助・長門勇・芥川比呂志

『新・平家物語』１９７２年、原作／吉川英

言えることなんですが、その学風・学説の特徴を端的に示すキャッチフレーズがある。

たとえば、金達寿なら「渡来人史観」、梅原猛なら「怨霊史観」「梅原日本学」、古田武彦なら「多元史観」「古田史学」という具合ですね。また、学説についても江上波夫の騎馬民族征服王朝説、略して「騎馬民族説」とか、古田武彦の「邪馬壹国説」「九州王朝説」とほとんど主唱者の通り名のように使われる名称があった。

古代史研究の目的を真実の探求に置くなら、これは実はあまりよくない傾向かも知れなかったんです。というのは、特定の研究者がその学説によって孤高を保つ、ということはその説に他の研究者を納得させるだけの真実味がない、というだけのことだったりするわけですね。で、そういう真実味がない説がもてはやされるということは、研究者以外の人がより説得力がある説に近づくのを妨げる結果をも招きかねないわけです。実

治
出演／仲代達矢・中村玉緒・佐久間良子
『国盗り物語』1973年、原作／司馬遼太郎
出演／平幹二朗・高橋英樹・近藤正臣・火野正平
『勝海舟』1974年、原作／子母沢寛
出演／渡哲也・松方弘樹・尾上松緑
『元禄太平記』1975年、原作／南条範夫
出演／石坂浩二・江守徹・竹脇無我
『風と雲と虹と』1976年、原作／海音寺潮五郎
出演／加藤剛・緒方拳・吉永小百合
『花神』1977年、原作／司馬遼太郎
出演／中村梅之助・篠田三郎・中村雅俊・浅丘ルリ子
『黄金の日々』1978年、原作／城山三郎
出演／市川染五郎・栗原小巻・林隆三・根津甚八
『草燃える』1979年、原作／永井路子
出演／石坂浩二・岩下志麻・松平健・国広富之
『獅子の時代』1980年、原作／山田太一
出演／菅原文太・加藤剛・鶴田浩二・大原

際、今となっては古代史ブームにそうした側面があったことは否めません（もちろん、古代史に多くの人の関心を向けたという点をも踏まえて考えるなら、古代史ブームの功罪は功の方が大きかったとは思いますが）。

では、なぜ、当時のマスコミや古代史ファンは彼らの「史観」「説」にこだわったのか。それは、それらがまさに皇国史観に対抗するものだったからです。

古代史ファンを支えた世代というのは戦時中、皇国史観という「大きな物語」の中に身を置いていた人々です。もちろん、その中には素直に身を委ねていた人もいれば抵抗していた人もいたでしょう。しかし、その「大きな物語」は敗戦という現実の前に失われてしまった。

皇国史観に変わる「大きな物語」として、マルクス主義・唯物史観を選択した人も多いわけですが、一方では、それに飽き足らない人もいた。

麗子

『おんな太閤記』1981年、原作／橋田壽賀子

出演／佐久間良子・西田敏行・藤岡弘

『峠の群像』1982年、原作／堺屋太一

出演／緒方拳・松平健・多岐川裕美

新しい「大きな物語」は皇国史観と同じものであってはならない。しかし、唯物史観のように日本人が属してきた文化から遊離したものであってもならない。皇国史観と同様に日本の古代史に根ざした「大きな物語」への渇望、それこそが一般の古代史ファンとして、古代史ブームを底辺で支えた人々の原動力になっていたわけなんです。

こうして考えてみると、佐々木の「学説」に関する意見が、いかに古代史ブームというものの深層を露にしたものだったかは明らかでしょう。古代史ブームの中で求められたのは真実ではなく、皇国史観に代わりうる「大きな物語」だったのです。

以上見てきたことからすれば、古代史ブームの終焉もまた必然だった。なぜなら、戦後生まれの世代は別に自分たちの歴史観を日本神話とすりあわせる必要はないわけですね。また、上からの挙国一致体制を経たことがない世代には「大きな物語」に身を委ねる、という経験そのものが希薄なわけです。戦後生まれの世代が社会の主流になった時、古代史ブームは後続の担い手を失わざるを得なかった。

ただし、団塊の世代といわれる人々は戦前生まれの世代から「大きな物語」への渇望を受け継いだ面もあるのですが、その次の世代はむしろ「大きな物語」があらかじめ失われた状態から自分たちの物語を模索していくことになった。その物語形成への試みの一つの中に初期のオタク文化も位置づけられるでしょう。

そして、その新しい世代にとって、日本神話は「歴史」として教えられたものでもなければ、その復活を恐れるべき相手でもなくなった。それはフィクションの題材として、ひたすら消費しうる対象になったというわけです。

第2章 伝奇ロマンの勃興

半村良と「伝奇ロマン」の発祥

古代史ブームの黎明期ともいうべき1960年代末～70年代初頭、それは文芸批評において過去の伝奇的作品への再評価がさかんに行われた時期でもありました。

その成果としては、たとえば1969年～70年にかけて三一書房より『夢野久作全集』全7巻が刊行されたことや、1973年～76年に岩波書店より『鏡花全集』全29巻の第2刷、1968年の『神州纐纈城《しんしゅうこうけつじょう》』を皮切りに75年まで桃源社から次々と刊行された国枝史郎の伝奇小説復刊などを挙げるこ

●夢野久作『夢野久作全集』全7巻　1969～70　三一書房、現在はちくま文庫版『夢野久作全集』全11巻（1991～92）があるが、巻によっては品切重版未定。

とができます。

そして、過去の作家への再評価は、同時代における伝奇作家、いわば久作や鏡花、史郎の作風の後継者ともいうべき人々への注目へとつながっていきました。そうした機運を受ける形で1973年に金沢市で創設されたのが主に幻想文学を対象とする泉鏡花賞です。そして、その第一回受賞作となったのは半村良（1933〜2002）の『産霊山《むすびのやま》秘録』でした。

半村はその前年、『石の血脈』で星雲賞をも受賞しており、いわばSFと幻想文学の双方の世界での栄誉を受ける形となりました（ちなみに半村はその後の1975年には『雨やどり』で直木賞をも受賞している）。

なお、東雅夫によると、「伝奇ロマン」という言葉そのものが1971年、『石の血脈』出版に際しての宣伝コピーに用いられて以降、一つのジャンルを示す語として定着したものだということです。また、その言葉の発案者は当時『SFマガジ

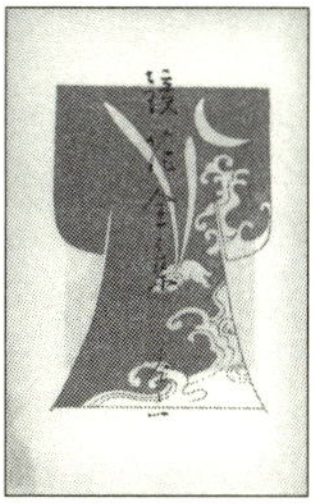

●**泉鏡花『鏡花全集』**（全28巻＋別巻）1973〜76　岩波書店、現在はちくま文庫版『泉鏡花集成』全14巻（1996〜97）があるが、巻によっては品切重版未定。

●**国枝史郎『神州纐纈城』**1968　桃源社、現在は河出文庫で入手可能。

ン』編集長だった森優（超常現象研究家の南山宏と同一人物）とされています。言うなれば『石の血脈』から、「伝奇ロマン」の歴史そのものが始まったわけです。

『石の血脈』は、とある企業の工場に忍び込んだ銅線泥棒が見てはならぬものを見てしまったため、そのまま闇に葬られるところから始まります。その冒頭で暗示されるのは巨大資本の闇の部分です。

それは、1960年代の読者にはリアルな問題として認識され、社会派推理小説でくりかえし取り上げられたテーマです。さらに『石の血脈』では、物語の展開を通じて、その資本の闇が政財界の癒着を通じて戦後政治の闇と結びつき、海外との資本提携を通じて国際政治の闇ともつながっていることが次第に解明されていく過程が語られます。初出当時の読者には、これはSFらしからぬ展開とさえ思われたかも知れません。

ところがこうした企業小説的な展開の中に、登場人物らの会

●半村良『産霊山秘録』1973 早川書房、1975年にハヤカワ文庫、1981年に角川文庫、1992年に祥伝社ノン・ポシェット、現在はハルキ文庫（2005）で入手可能。書影は1981年版角川文庫。

●半村良『石の血脈』1971年に早川書房より日本SFノヴェルズ・シリーズとして書き下ろし出版。1974年にハヤカワ文庫、1975年に角川文庫、1992年に祥伝社ノン・ポシェット、現在はハルキ文庫（1999）集英社文庫（2007）で入手

話を通じて次第に伝奇的なモチーフが挿入され始めます。中世イスラム世界の暗殺教団とその流れをくむという秘密結社、シュリーマンの孫によるアトランチス発見? スキャンダル、騎馬民族征服王朝説と大和朝廷の巨石崇拝、エジプトのミイラ、そしてヨーロッパの吸血鬼伝説と世界中に分布する血を求める神への信仰、人狼伝説と犬神信仰、フリーメーソン陰謀論……。

そしていつしか、こうした伝奇的モチーフこそが世界を真に動かすものであり、資本も政治といった目に見える権力はそれに奉仕するためのものにすぎなかったことが明らかにされるのです。さらに物語の真の世界観が立ち現れる時、それまで読者サービスのために挿入されただけに思われた官能的描写までが、そのクライマックスにいたるための伏線であることが明らかになります。

ここにいたって、初出当時の読者がリアルに感じたであろう

可能。書影は1975年版角川文庫。

要素と、浮世離れした話と受けとめていたであろう要素とが、物語の中でその役割を逆転させる。さらにそれによって、それまで読者の側が抱いていた「リアル」の虚構性が照射されていくのです。

さて、『石の血脈』が現代社会が抱える闇を古代にさかのぼらせながら、その舞台が現代を離れることがないのに対し、『産霊山秘録』は複数の時代にまたがった構成をとっています。言うなれば『石の血脈』が社会派推理小説の皮をかぶった伝奇なのに対し、『産霊山秘録』は歴史小説の皮をかぶった伝奇なのです。ここで、60年代当時における伝奇と歴史小説との関係をおさらいしておきましょう。

1960年代、それまで伝奇時代小説の書き手として知られていた司馬遼太郎は『竜馬がゆく』『燃えよ剣』（62年連載開始）『国盗り物語』（63年連載開始）で歴史小説家としてその名を高めることになりました。司馬の成功の一因は小説に教訓

■**司馬遼太郎**（1923〜1996）歴史小説家。1960年に『梟の城』で第42回直木賞、他受賞歴多数。『竜馬がゆく』（1963〜66）、『燃えよ剣』（1962〜64）、『国盗り物語』（1965〜66）、『空海の風景』（1975）、『項羽と劉邦』（1980）など多くの作品で、歴史上の人物に斬新な解釈をほどこした。また、ライフワークとなった『街道をゆく』（1971〜96）をはじめとして紀行・史談も多い。司馬の小説やエッセイに見られる歴史解釈は現代の日本人の一般的な歴史イメージに大きな影響を与えており、それらを「司馬史観」と呼んで称揚する向きもある。

を持ち込んだところにあります。司馬は小説の合間に、地の文として、そこに出てくる事件の解釈や人物批評などを挿入しました。

伝奇時代小説は、本来、娯楽のためのものです。60年代以降の司馬に代表される歴史小説はその伝奇時代小説から派生したものにほかなりません。ところがそこに教訓が持ち込まれることにより、歴史小説は単に娯楽書としてだけではなく、歴史の勉強として、あるいはビジネスや人間関係調整などに応用できる知識として、実用性ともいうべきものが発生したのです。

歴史小説の読者は、しばしば、読書を通して、自らの歴史観の指針や、現実社会を生きていくための心構えを学ぼうとしました。そういう人にとって、無理に行間を読まずとも、著者の思想が明確にわかる形で語っている作家はありがたい存在だったわけです。そして、その筆頭ともいうべき存在が司馬でした（もちろん、司馬の作品をこうした要素だけでくくるのは無理ですが、ここでは60年代当時の大多数の読者が司馬の作品にもとめた要素について語っています)。

そうした読者が生き方の規範にしたがる人物といえば、日本史対象なら、決まって戦国時代の英傑たちや維新の志士たちであり、したがって歴史小説の題材も戦国時代と幕末・明治期に集中することになりました（あるいはその風潮そのものが司馬によって作られたといってもいいかも知れません)。

『産霊山秘録』は戦国時代を発端とし、幕末・明治期に山場を置き、現代をもって終わります。そして、その中では、織田信長や武田信玄、坂本龍馬や近藤勇といった歴史小説でおなじみの人物も活躍します。その意味では『産霊山秘録』は、当時流行していた歴史小説のトレンドをあえて取り込んだ作品とみなすこともできるでしょう。しかし、半村はその世界観を超現実的なものに設定しました。

すなわち——日本には古来、「ヒ」と呼ばれる人々がいた。

彼らは記紀神話のタカミムスビの直系でかつては皇室よりも上位の家柄だったこともあるという一族だ。天皇の世になってから、ヒ一族は皇室直属の忍びとして、国家的な危機から皇統を幾たびも守ってきた。ヒ一族はすべての生き物がむつみあう世界を理想とし、日本各地にある生命調和の場「産霊山」の秘密をも守っていた。彼らは代々受け継いできた神器と産霊山の力によって、テレポーテーションやテレパシーなどの超能力を用いることもできる。しかし、ヒ一族がその理想から外れる行動をとった時、この世には「ネ」（『古事記』にいう「根の国」に通じる）という災厄がもたらされる……。

『産霊山秘録』の世界にあっては、歴史を動かした英傑とされる人物は、ことごとく自ら引き起こした、あるいは引き込まれたネに翻弄され、それに滅ぼされていく存在にすぎません。半村はあえてSF的な手法をとることで、歴史は英雄が動かす、という有りがちな思い込みを粉砕してしまいます。

半村はさらに『黄金伝説』（１９７３）に始まる伝説シリーズ、『闇の中の系図』（１９７４）に始まる嘘部シリーズ（嘘部とは古代から現代まで虚偽を作り出すことで体制に奉仕し続けてきた集団のこと）、ムー大陸の勃興から滅亡までを描く予定で１９８０年から書き始めた『太陽の世界』（著者の死去のため、第18巻にして未完のまま終わる）、日本史の裏面にうごめく鬼道衆の暗躍を描いて『産霊山秘録』のネガともいうべき歴史像を作り上げた『妖星伝』（全7巻、１９７７〜９５）などを続々と著し、独自の伝奇的世界を作り出していきました。

また、一般に伝奇ロマン以外の半村氏の代表作とみなされている『戦国自衛隊』『亜空間要塞』『岬一郎の抵抗』などにも、仔細に見ていくなら伝奇的要素を見出すことはできるでしょう。

なお、『産霊山秘録』のヒ一族や「嘘部シリーズ」の嘘部が天皇制を護持する存在と設定されることから、半村の思想は体

●**半村良『黄金伝説』**１９７３　祥伝社ノン・ノベル、１９７９年に角川文庫、１９８６年に講談社文庫、現在入手不可。書影はノン・ポシェット。

●**半村良『闇の中の系図』**１９７４　角川書店、１９７８年に祥伝社ノン・ノベル、１９７９年に角川文庫、１９９３年に広斉堂文庫、現在はハルキ文庫（１９９８）河出文庫（２００８）で入手可能。

制擁護にすぎない、と非難する人は絶えません。しかし、それはストーリーの上っ面だけしか見えない者の誤読です。

半村は世間の片隅に生きる名もなき庶民の視点からの物語を書き継いできた人でもありました（その代表が直木賞受賞作です）。伝奇ロマンを書くに当たっても、半村の視点は権力の保身のために押しつぶされていく庶民の側を離れることはありません。

ヒ一族や嘘部といった人々も、体制を護持するかに見えながら、個々の権力者に屈することはない。むしろ、彼らは名も無き存在でありながら、体制の命運を握るような立場に置かれているのです。そして、彼らも、彼らを使役しているつもりの権力者たちも、歴史を動かす巨大な力の前では庶民と同様に押しつぶされていくしかありません。

半村の作風は、庶民の視点から権力を相対化するものであり、単なる反権力よりも、その批評精神において先鋭的だった

●**半村良『太陽の世界』**全18巻　1980〜89　角川書店、1983年から角川文庫、現在入手不可。書影は初版第1巻「聖双生児」。

●**半村良『妖星伝』**全7巻　1975〜93　講談社、1977〜95年に講談社文庫全7巻、現在は祥伝社ノン・ポシェット『完本妖星伝』全3巻（1998）で入手可能。書影は初版第1巻「鬼道の巻」。

ともいえましょう。

半村が先鞭をつけたことにより、伝奇ロマンと呼ばれる作品の多くは、権力の起源を古代へと遡ることで現代の体制を批判する、という精神を共有することになりました。

余談ですが、水木しげる『ゲゲゲの鬼太郎』に登場する、妖怪の天敵「ヒ一族」はこの『産霊山秘録』にヒントを得て名付けられたものでしょう（ただし、設定はまったく異なる）。

荒巻義雄による超古代史導入

さらに1970年代後半、伝奇ロマンは新たな鬼才を得て、ジャンルとして大きく成長することになります。その人物の名は荒巻義雄（1933〜）。

荒巻の作家デビューは1970年のことです。当初は分析心理学（ユング心理学）や錬金術の寓意を取り入れた、思弁的

●半村良『戦国自衛隊』1971年9・10月号『SFマガジン』に掲載。1975年にハヤカワ文庫、1978年に角川文庫、書影は1979年角川書店発行のハードカバー。現在も角川文庫で入手可能。

●半村良『亜空間要塞』1974年に早川書房より日本SFノヴェルズ・シリーズとして発行、1975年にハヤカワ文庫、1977年に角川文庫、2000年にハルキ文庫、現在入手不可。

傾向が強いＳＦを得意としていました。長編『白き日旅立てば不死』（１９７２）『神聖代』（１９７８）連作短編集『エッシャー宇宙の殺人』（１９８３）などがその時期の代表作です。

１９７４年、荒巻は『ＳＦマガジン』誌上で日本古代史と近世史と結ぶ歴史ＳＦ連作を発表しました。その中で荒巻は『竹

●**半村良『岬一郎の抵抗』**１９８８　毎日新聞社、１９９０年に集英社文庫、１９９１年に講談社文庫、現在入手不可。

『ゲゲゲの鬼太郎』に登場するヒ一族

原作劇画では『新編ゲゲゲの鬼太郎』「妖怪危機一髪」（『少年マガジン』１９８６年5月14日号・21日号）に登場。妖怪を捕え料理する能力を持った一族。実は、日本侵略をたくらむ中国妖怪・女夜叉が邪魔な日本妖怪を始末するために作った合成生命。アニメでは、第三期『ゲゲゲの鬼太郎』第91話「妖怪ハンターヒ一族！」（本放送・１９８７年8月29日）、第四期『ゲゲゲの鬼太郎』第１１４話「絶体絶命！死神の罠」（本放送・１９９８年3月29日）に登場。それぞれ設定は原作と異なる。

内文書』やムー大陸など、いわゆる超古代史的なモチーフを大胆に取り入れたのです。それらの作品は１９７９年に『神州白魔伝』として単行本化されました。

これにより、荒巻は伝奇ロマンに超古代史を取り込むという手法を切り開くことになりました。こうして書きあげられたのが１９７５年の『空白の十字架』から始まる空白シリーズ（１９８５年の『空白の大涅槃《ねはん》』で終結、全8作）です。

空白シリーズの舞台はあくまで現代に設定されています。シリーズを通しての主人公は、フリーライターで素人探偵の新沢大作です。物語の発端で、彼は何らかの形で犯罪に巻き込まれ、あるいは事件調査を依頼されて、探偵役を務めざるを得なくなります。そして、その探索を続けるうちに、彼は事件の背景にある歴史の闇へと導かれていくのです。

空白シリーズの世界観において、現在の国際社会を支配する闇の権力構造は超古代の謎を伝える者たちに牛耳られていま

●**水木しげる『ゲゲゲの鬼太郎 5』**２００７ 中公文庫コミック版、「妖怪危機一髪」収録。

●**荒巻義雄『白き日旅立てば不死』**１９７２年に早川書房より日本ＳＦノヴェルズ・シリーズとして発行、１９７６年にハヤカワ文庫、１９８０年に角川文庫、現在はファラオ企画発行の単行本（１９９２）で入手可能。書影は初版扉。

す。彼らはその秘密を守るために、常人には目的不明の陰謀を繰り返しています。新沢大作はその陰謀と戦うことで結果として超古代の「真実」へと導かれていく――空白シリーズの底流には、このような陰謀史観的な要素が組み込まれています。

　キリスト日本渡来説、古代文明地球外起源説、アトランチス伝説、ムー大陸実在説、徐福《じょふく》日本渡来説、ピラミッド日本起源説、河童《かっぱ》宇宙人説など〝実在〟する奇説・異説と荒巻氏創作による架空の書籍・伝説を巧みにコラージュしつつ（実際、それらのうちどこからどこまでが荒巻氏の創作かはよほど事情に詳しい人にしかわかりません）、荒巻氏はありうべきもう一つの古代史を紡ぎだしていったのです。

　荒巻がその手法を確立したのは、ＳＦを通してでした。また、荒巻は、その手法を編み出すにあたってダリに代表されるシュールレアリズム美術も参考にしました。

　また、荒巻は、その手法について、近代科学＝実証主義批判

●**荒巻義雄『神聖代』**１９７８　徳間書店、１９８０年に徳間文庫、現在入手不可。

●**荒巻義雄『カストロバルバ　エッシャー宇宙の探偵局』**１９８３　中央公論社、１９８６年に『エッシャー宇宙の殺人』のタイトルで中公文庫、現在入手不可。

の意味合いを込めて採用したものだと述べています。

「自由自在なSFだからこそそれは可能なのですが、こうした要素的入れ換え作業によって、堅牢なリアリズム世界は、柔らかな変容を遂げます。そうです、あのダリが描いた〝柔らかい時計〟のように、火食可能に加工されるのです。それはさながら、遺伝子の置換によって新しい品種を作りだすバイオテクノロジーの手法に似ているとはお思いになりませんか。本質的に根っからのSF作家である私に言わせるならば、世界の分解と再構成、再構築は自由自在なのです。こうして作られた新世界（小説空間）を庭として、主人公とともに、作者は読者とともに遊びます。そもそもわが大宇宙とは、下向《げこう》した霊の遊び戯れる庭であり、遊園地なのだと私は考えているのです」

「あのユングのかなり神秘主義的な思想を、私は柔らかい科学だと認定します。科学が対象とするのは事物の現象面です。しかし人の心理は姿がない。それは、したがって、自在に変化

●**荒巻義雄『神州白魔伝 九来印之壺の巻』**（〝無宇〟三種之神器シリーズ）1979 奇想天外社、1982年に角川文庫、現在入手不可。

●**荒巻義雄『空白の十字架』**1975 祥伝社ノン・ノベル、現在は祥伝社ノン・ポシェット（1987）で入手可能。書影はノン・ポシェット。

する世界です。われわれ現代人は、それこそ科学の時代と言われる実証主義の世界に生きているわけですが、そのために物質生活は豊かになっても、心はこれに反逆して神経症状を、今、呈しているのではないでしょうか。すなわちそれが、このシリーズの潜在的に持つ、現代社会に対するアンチテーゼであろうかと、私なりに思っている次第です」

「神話性はいっそう増し、奇怪な超古代史の知識（偽歴史）についても語られます。現実は次第にあやふやになります。これは、空想の力が、現実界を侵食しはじめるからです。こうして、シリーズは、常識の埒《らち》外に飛び出します。私はいかなる状況に置かれても、人間には空想する自由があると思います。たとえば、十五億光年の彼方《かなた》にあるマゼラン大星雲について想像することは、私たちの生きる空間を光年の彼方に広げることなのです。これはすばらしい。死後の世界を思う空想は、時空を超えた旅になります。この意識の広がりがもたらす解放感の素

●**荒巻義雄『空白の大涅槃』** 1985　祥伝社ノン・ノベル、現在入手不可。

晴らしさは、この世の評価を犠牲にしてもお釣りがきます。やはり私は芸術の使徒として書くのではなく、自己満足のためにこのシリーズを書いていたのでしょうか」（荒巻義雄「創作余話―文庫判のあとがきに代えて―」『空白のアトランチス』祥伝社文庫版、1988年、所収。文中に大マゼラン星雲までの距離は「十五億光年」とあるが正しくは約十六億光年）。

　しかし、荒巻氏が作品内に作りだした新世界は次第に外界を侵食していきました。現在、巷に溢れるオカルト本の中には荒巻がフィクションとして生み出した異説を、荒巻氏の名を伏せて剽窃《ひょうせつ》し、さらにそれが現実世界の説明に応用できるかのように語るものがしばしば見られます。そして、少なからぬ読者がその説明に納得しているようなのです。

　半村や荒巻の活躍によって1970年代半ばには、日本古代史とSFを融合させる手法が小説の世界でほぼ確立した感があります。諸星大二郎や星野之宣の古代史ロマンはその手法の劇

●**荒巻義雄『空白のアトランチス』**1976祥伝社ノン・ノベル、1988年に祥伝社ノン・ポシェット、現在入手不可。書影はノン・ポシェット。

画への応用ともいうべきものです。さらに、小説ジャンルとしての伝奇ロマンの影響は現在では多くのアニメやゲームに見て取ることができます（最近の話題作としては『ひぐらしのなく頃に』シリーズがその典型でしょうか）。

伝奇ロマンの源流としての松本清張

さて、1960～70年代の伝奇ロマン作品を読んでいると、リアルタイムに読んだ時とは異なる奇妙な感慨があります。戦前の軍部が隠蔽《いんぺい》したままの機密情報、多国籍企業や外国政府、秘密結社が仕掛ける謀略、日本政府そのものが抱える秘密……こうした要素は当時流行していた社会派推理小説にもしばしばギミックとされていたものです。

そして、伝奇ロマンにおいてはこれらの要素は浮世離れした素材にリアリティを与えるために導入されたものでした。とこ

●**諸星大二郎**↓第5章
●**星野之宣**↓第6章
●**『ひぐらしのなく頃に』**　2002年8月から2006年12月にかけて、コミックマーケットで発売された同人ソフトの連作およびそれを原作とする同人CD、コミック、ノベライズ、商業ゲーム、テレビアニメ、OVA、劇場版映画からなるメディアミックス・シリーズ。原作を発売したサークル名は07th Expansion、原作者は竜騎士07。架空の村「雛見沢村」で起きた連続死・連続殺人事件をめぐり、主人公の少年少女たちが事件の解明を通じて村の隠された歴史の真相に迫り、あるいは因習や陰謀のために押しつぶされていく様を描く。テレビアニメは第一期「ひぐらしのなく頃に」が2006年4月～9月、第二期「ひぐらしのなく頃に解」が2007年9月～12月に放送された。ただし、「ひぐらしのなく頃に解」については、2007年9月、現実に起きた殺人事件の影響で複数の局が放送を中止している。実写版劇場映画は2008年5月に公開され、現在、続編の製作が進行中。

ろが、今、半村や荒巻らの作品を読み返してみると、ＳＦ的描写や古代史に関する記述よりも、こうした「社会派」的要素の方がむしろ伝奇的に思えてくるのです。それは、これらの作品が描かれた時代そのものが、今となっては異質な価値観に支えられた伝奇的世界に感じられるからかも知れません。

　逆に、同時代的には「社会派推理小説」として読まれていたものの中にも、現在の視点からすると、伝奇として読めてしまう作品が多々ありそうです。

　その筆頭に挙げられるべきは、大御所・松本清張（１９０９～９２）の作品でしょう。清張は、推理小説史においては、社会派の創始者にして代表者と目される人物ですが、一方で『西《さい》海道談綺《かいどうだんき》』『眩人《げんじん》』などの時代伝奇小説をも書いており、もともと伝奇的志向を持った作家でもあります。

　清張の推理小説の多くは、本人のせいではない理不尽な力によって、ささやかな幸せを奪われた庶民がそれに関与した者に

●**松本清張『西海道談綺』**１９７６～７７　文藝春秋、１９８１年に文春文庫全８巻、現在は『松本清張全集』第52・53・54巻（１９８３　文藝春秋）文春文庫（１９９０　新装版全４巻）で入手可能。書影は１９８１年版文春文庫。

●**松本清張『眩人』**１９７７年２月号～８０年９月号『中央公論』に連載、１９８０年に中央公論新社、１９８１年に普及版、１９８３年に中公文庫、現在は『松本清張全集』第51巻（１９８４　文藝春秋）『松本清張小説セレクション』第17巻（１９９５　中央公論新社）中公文庫（１９９８年改版）で入

復讐する、あるいは幸せを失いかねないと危惧する者がその原因となりそうな者を排除する、といった構造を持っています。いずれの場合も復讐や排除の対象となる者は、殺害者と同様、あるいはそれよりも卑小な庶民であり、自分がなぜ殺されるのかさえ分からないまま被害者となります。つまり、殺害者自身が他者に対して、その幸せを奪う理不尽な力になってしまうのです。

事件の背後には、しばしば権力や財力の持ち主が潜んでいますが、その巨悪は決して裁かれることはなく、読者の胸にはやるせなさがわだかまることになります。

この物語の構造には、戦時中は軍部が、終戦直後はＧＨＱが恣《ほしいまま》にふるまい、日本国民の暮らしを踏みにじり続けたことへの記憶が色濃く反映しているのでしょう。そして、戦後の経済成長期においても、国民は、政府や財界の方針に国民が翻弄され続けました。

手可能。書影は初版扉。

●**松本清張『日本の黒い霧』**１９６０　文藝春秋新社、１９７４年に文春文庫全2巻、現在は『松本清張全集』第30巻（１９７２　文藝春秋）文春文庫（２００４年新装版）で入手可能。書影は『日本の黒い霧（全）』（１９７３　文藝春秋）。

清張の推理小説は、そうした当時の国民の実感に呼応するものであり、だからこそ、リアルな物語として受け入れられたのです。

清張は『日本の黒い霧』『昭和史発掘』などの昭和史に関する書籍も著しています。それらが膨大な資料と労力、そして高度な知的営為の産物であることは誰にも否定できません。ところが、その内容には、昭和史の画期となったいくつもの事件について、軍部やGHQの謀略と決めつける論調が目立つのです。

社会派本格推理のブームが過ぎ去った後の1984年、清張は読売新聞で『霧の会議』という小説の連載を始めています（86年終了、単行本化は87年）。

フィレンツェで殺人現場にたまたま出合った日本人不倫カップル、彼らが巻き込まれたのは、ルネサンス時代から続くイタリア財閥による全世界的規模の陰謀だった。ヨーロッパを股に

●松本清張『昭和史発掘』全13巻　1965～72　文藝春秋、1978～79年に文春文庫全13巻、現在は『松本清張全集』第32巻（1978　文藝春秋）文春文庫（2005年新装版全9巻）で入手可能。書影は初版扉。

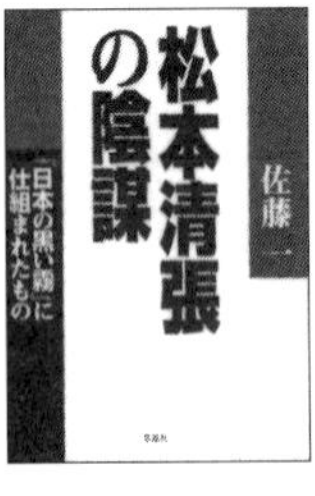

●佐藤一『松本清張の陰謀［日本の黒い霧］に仕組まれたもの』2006　草思社。

松本清張の陰謀論的傾向

清張の著書、特に『日本の黒い霧』が強い陰謀論的傾向を持っていることは、早くから大岡昇平によって指摘されている（大岡「松本清張批判」『群像』1951年11月号）。『日本の黒い霧』が、GHQの陰謀を強調するあまり、結果として冷戦下での情報戦の事実を隠蔽する役割を果たしたことについては佐藤一『松本清張の陰謀』（2006）にくわしく考証されている。

永瀬唯は佐藤の著書の書評において次のように指摘する。

「大岡昇平の表現を借りるなら、それはつまり〝ひがみ根性〟。俺は本物の戦争体験をしていない、俺は文壇で不当な評価しか得ていない。こうした世の中への恨みつらみと、一種ゆがんだエリート意識が合体したとき、その小説は、読者の側に屈折した共感をいだかせる、ある種のリアリティーを感じさせることになる。

いやさ、こと小説の世界においては、以上の分析は悪口にとどまるものではない。その〝ひがみ根性〟こそが、今にいたる彼の小説の人気を支えているのだから。

しかし、その方法論を用いて、歴史の真実を語ってもらっては、これは困る」（永瀬「『日本の黒い霧』の黒いトンデモ」『トンデモ本の世界U』2007）。

↓P66へ

また、朝倉喬司は『日本の黒い霧』について、「この本を読みかえして、とくに〝下山事件〟に関する彼の推理のズサンさには、ほとんど唖然としてしまった」として、清張の推理が「推論のための推論」になっているとする。そして、その上で次のように指摘している。

「〝推論のための推論〟のあばら骨が透けて見え、思いこみに思いこみを重ねたというしかない松本の謀略説は広く世に受け入れられた。ジャーナリズムの視野において、〝推論のための推論〟は、そうとは見えず、人を打つだけの説得力を獲得しえていたことの、これはまさに格好の例証である」

「〝推論のための推論〟が、そうとは見えずに稼働していたのは、政治的な立場などと関係なく、この国の広い意味のジャーナリズム全般だった」（朝倉「マス・ジャーナリズムと謀略史観」『別冊宝島356・実録！サイコさんからの手紙』1998年1月、所収）。

かけた彼らの逃避行が始まる……。

この作品では、その陰謀の当事者としてフリーメーソンや、ユダヤ資本、バチカンなども登場します。1980年代末から90年代半ばにかけてユダヤ＝フリーメーソン陰謀論が流行したことがありますが、あるいは、そこには清張のこの作品の影響もあったかも知れません。

今にして思えば、清張は『日本の黒い霧』『昭和史発掘』でうかがえるように、もともと陰謀論好きだったからこそ、陰謀論ブームを先取りした（あるいはそのブームの一因となった）小説を書けたということなのでしょう。

また、清張は１９６０年代末からの邪馬台国ブーム、古代史ブームをリードした論客の一人でもありました。彼には『古代史疑』（１９６８）『ペルセポリスから飛鳥《あすか》へ』（１９７９）などの古代史に関する著書や、短篇「断碑」（１９５４、原題「風雪断碑」）、長篇『火の路』（１９７３～７４、原題「火の回路」）など、古代史に関して、若い研究者の新説や、在野の研究者の業績が、学閥の権力によっていかに押しつぶされていくかをテーマにした作品があります。それどころか、邪馬台国ブーム到来以前から、短篇「陸行水行」（１９６２）のように

●**と学会『トンデモ本の世界U』** ２００７　楽工社。

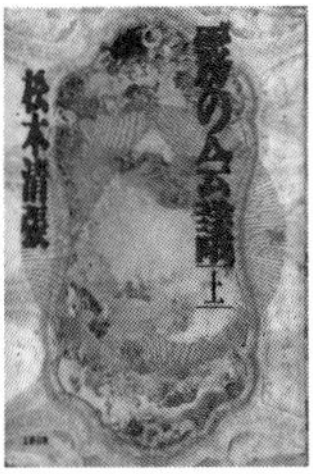

●**松本清張『霧の会議』** １９８４～８６年に読売新聞連載、１９８７年に文藝春秋、１９９０年に文春文庫、現在は『松本清張全集』第61巻（１９９５　文藝春秋）で入手可能。

●**松本清張『古代史疑』** →第1章

来るべきトレンドを予見したような作品まで著しています。

　古代史関係の作品でもっとも不気味なのは短篇「火神被殺」（１９７０）でしょう。神話の里・出雲の地でおきたバラバラ殺人事件、挑むは古代史ファンの素人探偵。推理を進めるうち、事件は、日本神話のいくつものモチーフが重層した「見立て殺人」かに見えはじめるが……結末で明かされる「真相」には、本格推理ファンこそがかえって驚かされるでしょう。

　陰謀論的世界観に古代史的モチーフ、権力と庶民の生活との対比、清張作品には、伝奇ロマンと共通の要素が多々見られます。社会派推理小説ブームと伝奇ロマン勃興期の年代を考えれば、清張作品を伝奇ロマンの先駆に位置づけることもできるでしょう。しかし、清張はその作品にＳＦ的想像力が入り込むのを避け続けました。

　最晩年の作品『神々の乱心』（１９９０〜９２、未完）は、実在の太古史研究家にして霊能力者・矢野祐太郎（１８８１〜

●**松本清張『ペルセポリスから飛鳥へ　清張古代史をゆく』**１９７９　日本放送出版協会、１９８８年に日本放送出版協会から新コンパクト・シリーズとして新書版、現在入手不可。

●**松本清張「風雪断碑」**１９５４年12月号『別冊文藝春秋』、短編集『或る「小倉日記」伝』（１９５８　角川書店）に改題「断碑」所収。１９６５年に新潮文庫、現在新潮文庫改版版で入手可能。

●**松本清張『火の路』**朝日新聞に１９７３年６月16日〜７４年10月13日「火の回路」と

1938）をモデルとした作品です。矢野は、宇宙の創造から未来におけるその終焉までの年代記を霊視したという人物で、特高警察からクーデター計画の容疑をかけられ、獄中にその最期を遂げました。その事績をフィクションとして膨らませれば、まさに伝奇ロマンの主人公にふさわしい、とも思えるのですが、清張にその発想はありませんでした。『神々の乱心』は昭和史ものとしても、推理小説としても、盛り上がりにかけたまま著者の逝去とともに中断しています。

　歴史小説における司馬遼太郎、推理小説における松本清張、伝奇ロマンというジャンルは、その発祥において、この二人の巨人の影響を色濃く受けています。しかし、この両者の歩みは伝奇ロマンとはついに交わることがありませんでした。

　司馬と清張で共通しているところといえば、この二人の巨人が描き出した世界が、同時代の読者の多くに「現実」として受容されていたところでしょうか。ある意味、この二人には、現

して連載、1975年に文藝春秋、1978年に文春文庫、1979年に光文社カッパ・ノベルス、現在『松本清張全集』第50巻（1983 文藝春秋）文春文庫で入手可能。
書影は初版扉。

●**松本清張「陸行水行」** 1963年12月25日号～64年1月6日号『週刊文春』、短編集『陸行水行』（1964 文藝春秋新社）所収、1975年に文春文庫、現在文春文庫新装版（2007）で入手可能。

●**松本清張「火神被殺」** 1970年9月号『オール讀物』、短編集『火神被殺』（1973 文藝春秋）所収、1980年に文春文庫。現在入手不可。

実と虚構の区別がつかない読者を大量生産してしまうような魔力がありましたし、それゆえに彼らは巨人たりえたのです。

　しかし、伝奇ロマンは、彼らから学んだものをギミックとして用いながら、その作品世界をあくまで虚構の側に押しとどめようとしていました。それゆえにこそ、司馬や清張がいた世界と伝奇ロマンの世界は峻別され続けていたのでしょう。

　そして、現在の劇画・アニメ・ゲーム・ライトノベルなどが伝奇ロマンから受け継いでいるもの、それはモチーフ以上に、虚構を虚構として、その中に確固たる世界を作り上げていこうとする意志である、といえるでしょう。

●**松本清張『神々の乱心』** １９９７ 文藝春秋、２０００年に文春文庫。

■**矢野祐太郎** 神政龍神会の創始者。大本教とその各分派の教義および『竹内文書』を研究し、太古から未来にいたる年代史『神霊聖典』を神示として著す。その事績についてくわしくは拙稿「矢野祐太郎の二・二六—偽史列伝８—」（『季刊邪馬台国』第62号、１９９７年６月、所収）参照。

第3章 未来としての「古代文明」

記紀神話の中の「未来」

記紀神話に実際の古代社会ではなく、未来を読みとってしまう。……そうした倒錯は古代史ブーム以前の文芸にも存在しました。その代表として挙げられるのは匿名作家・沼正三が1956~57年にかけて『奇《き》譚《たん》クラブ』に発表した『家畜人ヤプー』でしょう。

この作品が最初に単行本化されたのは1970年のことですが、その後も新しい版が出るごとに加筆・増補が繰り返されました。今のところ最新のバージョンは1999年に出された幻

●**沼正三『家畜人ヤプー』**1970　都市出版社、1972年に角川文庫、1984年に角川書店から愛蔵版（村上昴画）、1991年にスコラから改訂増補復刻版、1991年にミリオン出版から『家畜人ヤプー・完結編』、1993年に太田出版から全3巻、現在は幻冬舎アウトロー文庫全5巻（1999）で入手可能。

冬舎アウトロー文庫判全5巻です。

　遥かな未来、白人は神、日本人はその家畜たる類人猿にすぎない、とされる新文明が成立していた。タイムトラベルの未来人が起こした事故により、1960年代（初出時から見れば近未来）の日本人男性が一人、その世界へと投げ込まれる……この作品はその男性の視点から、あらゆる性的倒錯を語っていくというテーマの作品で、言うなればSF的設定で書かれたSMというところでしょうか。

　『家畜人ヤプー』はまた、日本神話解体の書でもありました。この作品にはオヒルマン公爵ことアンナ・テラス（アマテラス、別名オオヒルメを連想させる）をはじめ飛行島・タカマラハン（高天原）、天狗《てんぐ》のサンドヒック（猿田彦）など日本神話や伝説から借りたと思しき固有名詞がぞくぞく登場しました。

　ところでこの本の初出は、まだ、戦時下の記憶が日本社会に色濃く残っており、神話パロディそのものがすでにスキャンダ

●**劇画版『家畜人ヤプー』**は1971年に都市出版社から『劇画家畜人ヤプー』（石森章太郎画）、1983年に辰巳出版から『家畜人ヤプー・劇画』（石森章太郎画）、1984年に辰巳出版から『家畜人ヤプー・劇画・続』（シュガー佐藤画・石森章太郎監修）他、2003年から幻冬舎バーズコミックスから江川達也画が9巻まで。書影は江川達也版。

ラスな要素の一つとみなされる御時世でした。

さらに後の加筆においては、日本人そのものが未来人の過去への干渉により作られた民族だったとの物語が新たに語られ始めています。

初出時には日本神話パロディに見えた要素が、今度はその設定を成り立たせる伏線となっていったわけです。『家畜人ヤプー』は性的倒錯を描いただけではなく、未来世界を遙かな過去に接続することで時間まで倒錯させたといえるでしょう。

さて、古代史ブームが終息に向かいつつあった時期の1989年、近未来のテクノロジー予測を背景に記紀神話を翻案・劇画化した作品が登場しています。那野比古原作・鷹羽遥（松久由宇）画の『SF新古事記まんが高天原ストーリー』（以下『新古事記』）です。

『新古事記』の冒頭は大宇宙のイメージイラストを背景とした次のようなテロップでした。

●那野比古原作・鷹羽遥（松久由宇）画『SF新古事記まんが高天原ストーリー』1989 扶桑社、現在入手不可。

さかのぼること悠久の時間の彼方……、
はるかな深淵の旅路を経て、
彼らは、その地へ降り立った。
深淵は宇宙……。
彼らは知的生命体、
すなわち《酸素呼吸型
二足歩行知的哺乳類》。
その地は惑星、
すなわち《天の河銀河系内
太陽系第五惑星》
宇宙船から
降り立った人々は、
惑星を《ミハシラ》と呼び、
衛星となった大型宇宙船を《ソエノハシラ》と呼び、

その国家を
《タカマガハラ》と
呼んだ――。
数万年の時間を経て……。
異変は
大地のささやかな
微動から始まった――。

さて、ここで注目すべきは「タカマガハラ」（高天原）の所在地たる「ミハシラ」（天之御柱？）が太陽系の第5惑星に設定されていることでしょう。実際の太陽系の第5惑星は木星ですが、「ミハシラ」は木星に同定できるわけではありません。

19世紀初頭、天文学者たちは火星（第4惑星）の軌道の外側に多数の小惑星があることを次第に明らかにしていきました。

さらにその小惑星群の成因として、それらはもともと一つの大きな惑星だったのだが何らかの理由で崩壊して無数の星屑になったという説が唱えられたのです。この説を認めるなら、その崩壊前の惑星こそ真の第5惑星ということになります。

ただし、現在では、小惑星群のすべての質量を集めても一つの惑星としては成り立たないことが判明しています（地球の質量の1000分の1程度）。つまり、小惑星「第5惑星」起源説は天文学上はすでに否定されているのです。

しかし、一昔前には第5惑星とその崩壊をモチーフとするSF作品が多数発表されていました。実は第5惑星には住人がいて、惑星崩壊そのものがその文明の暴走によるものだった、といった話です。日本でも映画『地球防衛軍』（本多猪四郎監督、1957）や光瀬龍『宇宙のツァラトゥストラ』（1974～75）などがそのテーマを扱っています。

そして、『新古事記』もそのテーマに基づく作品の一例にほかならないというわけです。ここでそのあらすじを説明しま

●**『地球防衛軍』** 1957　東宝。監督本多猪四郎、特技監督円谷英二、出演佐原健二・志村喬・白川由美。東宝初の本格SF大作。地球征服をもくろむ宇宙人ミステリアンと科学力を駆使した防衛軍との激しい戦い。

●**光瀬龍『宇宙のツァラトゥストラ』** 1974年10月号～75年1月号『野性時代』に掲載、1975年に角川書店、1978年に角川文庫、現在入手不可。

しょう。

惑星ミハシラは危機にさらされていました。「原子力発電につぐ第四のエネルギー源」オオコトオシオ・システムのトラブルのためです。

タカマガハラの元首にして首相たるアマテラス女史は、自らの思考をマザーコンピューターのアメノミナカヌシとリンクして対策を求めましたが、そこで得た結論は、惑星崩壊が避けられない、というものでした。

アマテラスには二人の弟、ツキヨミとスサノオがいました。ツキヨミはアマテラスに反乱をおこし、宇宙艇アメノカガミブネを奪って第3惑星に向かいます。タカマガハラ政府もまた、国民を救う道は第3惑星移住しかないとの結論を出しました。その移住計画の指揮をとったのはスサノオです。惑星崩壊の危機や弟たちの反抗による心労に耐えかねたアマテラスは生命維持装置以外の高天原の主要電源を切り、自室に籠りました。パニックに陥る国民たち。しかし、アマテラスのその行為は弟たちを責めるためではなく、第3惑星移住計画をより確実ならしむる準備のためだったのです……。
この作品の終幕近くには第3惑星（地球）のイラストをバックに次のテロップが示されています。

地上に降りたったアマテラスは、タカマガハラ政府による地球支配を宣言した——
これが〝天孫降臨〟として、後世に語り継がれ、さまざまな神話の始まりとなった——。

ところで原子力を「第三のエネルギー」と呼ぶのは風力・水力・薪などを第一、化石燃料を第二とみなすことによる。つまり『新古事記』では、タカマガハラ文明は化石燃料の時代を経たものと想定していることになります。タカマガハラ文明は地球人である私たちにとって遙かな過去であるとともに、未来の姿を暗示するものでもある、というわけです。

電脳世界の「天御柱」

フィクションの世界には、古代の神話に未来を投影する作品もあれば、その逆に古代神話の世界が再現された未来を暗示するものもあります。この章の冒頭で述べた『家畜人ヤプー』もその一例です。

アニメでは、人物やマシンなどの固有名詞に、日本神話を出典とする名を多用した『機動戦艦ナデシコ』（１９９６〜９７）などがその典型といえるでしょう。

ちなみにこの作品については、麻宮騎亜により、『遊撃宇宙戦艦ナデシコ』（１９９６〜９９）というコミックも発表されていますが、麻宮はそこで独自の設定を挿入し、ナデシコ搭乗

●テレビアニメ『機動戦艦ナデシコ』１９９６年10月1日〜９７年3月25日、テレビ東京系で毎週火曜日18時30分〜19時に全26話放送。監督佐藤竜雄、キャラクター原案麻宮騎亜、キャラクターデザイン後藤圭二。

●劇場版アニメ『機動戦艦ナデシコ THE PRINCE OF DARKNESS』１９９８年8月8日公開。監督佐藤竜雄、キャラクター原案麻宮騎亜、キャラクターデザイン後藤圭二。

●麻宮騎亜『遊撃宇宙戦艦ナデシコ』１９９６年9月号〜１９９９年2月号『月刊少年エース』に連載、１９９７〜９９年に角川コミックス・エース全4巻、２００２年に徳間書店アニメージュコミックス全2巻。

員たちの行動が日本神話を作ってしまう、という荒技を使いました。

　これは一見、『家畜人ヤプー』に似ていますが、『家畜人ヤプー』では異言語の未来人の行動を日本神話にこじつけるために怪しげな語源学的蘊蓄《うんちく》を駆使したのに対し、『遊撃宇宙戦艦ナデシコ』ではナデシコ搭乗員はもともと日本語を使っているから、わざわざこじつける必要はありません。

　さて、フィクションとしての未来が、私たちの現在の延長線上に設定されるなら、その世界の人々は私たちが知っている歴史や神話を共有していることになります。つまり、未来人が意図的に日本神話の用語や概念を再現しようとすること自体は容易に設定できます。さらにSFではすでに既知のテーマであるタイムトラベルをとりこめば、古代と未来を直結した円環的構造の物語が生まれるわけです。

　士郎正宗は代表作『攻殻機動隊』シリーズにおいて、タイム

●士郎正宗『攻殻機動隊　THE GHOST IN THE SHELL』1989年5月号『ヤングマガジン海賊版』初出のちに『週刊ヤングマガジン』本誌連載。1991年に講談社KCデラックスコミックス。

●士郎正宗『攻殻機動隊2　MANMACHINE INTERFACE』2001　講談社KCデラックスコミックス。

トラベルの要素抜きで、未来と古代の神話を直結した世界を巧みに描き出しました。

この作品が、生活と社会活動全般の電脳化が進み、義体（サイボーグ）が単なる実用品として普及した近未来、権力機構の一部でありながら権力犯罪と闘うことを自らに課した公安9課の活躍を描いたものであることを、細々と説明する必要はないでしょう。

公安9課の備品?「フチコマ」は、人工知能によって自ら判断する能力を持ち、内部に搭乗した人間を守る攻殻として機能する「思考戦車」です。その名は、日本神話の天《あま》の斑駒《ふちこま》に由来します。ちなみにテレビアニメ版に登場する「タチコマ」は、著者によると、立っている形状からアニメ化の際に命名しなおしたものとのことです（「タチコマの設定に関して」、単行本『攻殻機動隊1・5』2008、所収）。

ちなみに「攻殻機動隊」というタイトルは、このフチコマ、

●劇場版アニメ『GHOST IN THE SHELL／攻殻機動隊』1995年11月18日公開、監督押井守。
●テレビアニメ『攻殻機動隊 STAND ALONE COMPLEX』2002年10月からパーフェクト・チョイスのペイ・パー・ビューで放送。『攻殻機動隊 S・A・C 2nd GIG』2004年1月からパーフェクト・チョイスで放送。『攻殻機動隊 STAND ALONE COMPLEX Solid State Society』2006年9月からパーフェクト・チョイスで放送。

タチコマの存在を前提とするものです。そのため、フチコマ、タチコマに当たる機体が登場しない劇場版『GHOST IN THE SHELL／攻殻機動隊』（押井守監督　1995年）は「攻殻機動隊」とは言えないのではないか、という説もあります。ちなみに、この映画の続編『イノセンス』（2004）は、タイトルに「攻殻機動隊」をうたっていません。

さて、原作劇画から劇場映画、TVアニメ、小説、ゲームにまたがるシリーズを通しての主要ヒロインである草薙素子《くさなぎもとこ》の名は草薙剣《くさなぎのつるぎ》にちなむものでしょう。うがって考えれば、攻殻としてのフチコマは、スサノオが剥《は》いだ天の斑駒の皮に通じるものであり、それに搭乗した素子は、スサノオによってヤマタノオロチの体内から取り出された草薙剣がふたたび別のものの体内に宿った姿とも解釈できます。

しかし、「攻殻機動隊」シリーズは、先行するSF小説や実際の事件などから、多くのモチーフを借りて構成された作品で

●士郎正宗『攻殻機動隊1・5』ブックレット付きCD-ROM、2003　講談社。

●士郎正宗『攻殻機動隊1・5』2008　講談社KCデラックスコミックス。

●劇場版アニメ『イノセンス』2004年3月6日公開、監督押井守。第25回日本SF大

もあります。フチコマや草薙の名はそれだけではそのモザイクを構成する要素の一部にすぎないでしょう。

作中世界の中での認識で言えば、フチコマは日本神話にちなんでつけられた製品名にすぎません。いわば、それは神話の模倣です。

ところが単行本『攻殻機動隊』（1991）のラスト近く、電脳世界に形成されたネットワークについて、ある登場人物？が次のように語る場面があります。

ネットワークは超宇宙サイズで無限の深さを持ち…
成長する樹の様だ…
カバラの奥義
北欧神話
中国神話
エデンの知恵の木

賞受賞、第57回カンヌ国際映画祭コンペティション部門出品。
●小説版は遠藤明範著『攻殻機動隊　灼熱の都市』（1995　講談社）『攻殻機動隊2　STAR SEED』（1998　講談社）、藤咲淳一著『攻殻機動隊　STAND ALONE COMPLEX　虚夢回路』（2004　徳間デュアル文庫）『攻殻機動隊　STAND ALONE COMPLEX　凍える機械』（2004　徳間デュアル文庫）『攻殻機動隊 STAND ALONE COMPLEX　眠り男の棺』（2005　徳間デュアル文庫）、山田正紀著『イノセンス　After The Long Goodbye』（2004　徳間書店、2005年に徳間デュアル文庫）。

生命樹　世界樹…
この場合は天御柱という名が適している
時代　文化　人種を問わず多くのチャネラーがアクセスし
語りついできた宇宙のシステムだよ

「天御柱」というのは、記紀神話において、イザナギ・イザナミが結婚に際し、その周囲をめぐったという柱のことです。そして、ここではその天御柱が電脳世界におけるネットワークそのものであることが語られます。

すなわち、ネットワークはテクノロジーの進歩によって初めて作られたものではなく、遙かな太古から時間を超越して存在していた、それが日本神話を含む古代の神話の共通の淵源でもあった、というのです。

さらにその続編にあたる単行本『攻殻機動隊2』（2001）では、日本の権力中枢の一部として、古代以来、その「天御

●CLAMP『東京BABYLON』1990～93年『月刊ウィングス』および『サウス』に連載、1991～94年に新書館ウィングスコミックス全7巻、2000～01年に新書館ウィングス文庫全5巻。書影は文庫版。

●OVAは1992年10月に『東京BABYLON』、94年3月に『東京BABYLON2』（ソニー・ミュージックエンタテインメント）、2000年にSMEビジュアルワークスからDVD。

柱」にコンタクトすることを職掌としてきた機関があることが示されます。その機関「霊能局」のトップと思しき人物は物語のラストで、公安9課の荒巻課長と次のような会話を交わすのです。

荒巻「〝この案件は千年来続いてきたし今後も永々と続く〟と言ったぞ」

霊能局長?「今日これから起こる事は始まりに過ぎず通過点の一つで又終焉でもある　リアルタイムなので君にも同席して貰った」

荒巻「未来を観るんじゃないのか?」

霊能局長?「未来と過去は同じ物だよ。違うのは観る側だ」

『攻殻機動隊』原作の世界では、現代、そして近未来のテクノロジーの産物であるはずの電脳世界がいつのまにか古代の神

●**CLAMP『X』** 1992年5月号〜02年10月号『月刊ASUKA』に連載、1992〜02年に角川書店あすかコミックス全18巻。

●**劇場版アニメ『X』** 1996年8月公開、監督りんたろう。テレビアニメは2001年10月から毎週水曜日18時30分〜19時にWOWOWで放送。2002年にバンダイビジュアルからDVD。2002年にプレステ用ソフト『X 運命の選択』。

話的世界への入り口にすりかえられています。

1960年代末から80年代にかけての古代史ブームでは、古代史について語っているはずの論客が、現代（同時代）の問題を古代に投影して論じるという倒錯がしばしば生じました。

劇画やアニメでは、超古代を描く際に未来のイメージを投影するということがしばしば起こります（その典型が『新古事記』です）。

人間の価値観や社会は移り変わっていくものです。いかに史料を読みこんだところで、世界観からして現代人とまったく違う古代人のことを想像することは難しいところです。だからこそ、人は古代を語る時、そこに現代もしくは現代の延長としての未来のイメージを投影してしまいがちなのでしょう。

原作『攻殻機動隊』では、逆にテクノロジーの進歩の果てにたどりついた世界が古代の再現になってしまう、という倒錯を自覚的に展開してみせたわけです。

●『**桃華月憚**』2005年5月号〜『月刊コンプティーク』に連載。原案ROOT、脚本宙形安久里、作画雲屋ゆきお。2007〜08に角川コミック・エース全2巻。

●**テレビアニメ『桃華月憚』**2007年4月2日〜9月24日、BS Asahiで毎週月曜日25時30分〜26時に全26話放送。原作オービット、監督山口祐司。同年5月PC用アダルトゲーム発売、2007年にエイベックス・トラックスからDVD。

ところで日本は現実に神話的世界の入口として、古代から現代まで継続している社会的装置を有している国家です。その装置というのは、具体的には天皇制のことなのですが、『攻殻機動隊2』における霊能局は、ある意味、天皇制のパロディといえるかも知れません。

●原作万城めいと、作画若山晴司『素敵探偵ラビリンス』、２００６年〜『月刊マガジンスペシャル』で連載中、講談社少年マガジンコミックスで７巻まで。テレビアニメは２００７年10月２日〜０８年３月25日、テレビ東京系で毎週火曜日25時30分〜26時に全25話放送。監督わたなべひろし。

天皇制のパロディ

コミック・アニメ・ゲームには国家機関の一つとして超自然的な能力を継承し続けている家系がしばしば登場する。

それはある意味、皇室の精神史的意義をフィクションとして誇張したものとみなしてもよいだろう。

その代表的例としては次の（架空の）家系が挙げられる。

・皇家…ＣＬＡＭＰ『東京ＢＡＢＹＬＯＮ』（コミック　１９９０〜９３、ＯＶＡ９２〜９４）、同『Ｘ』（コミック　１９９２〜現在休載中、劇場版アニメ１９９６、テレビアニメ２００１）

・守東家…『桃華月憚』（ゲーム・テレビアニメとも２００７年）

・日向家…『素敵探偵ラビリンス』（コミック　２００６〜連載継続中、テレビアニメ２００７〜０８）

第4章 縄文ブームの逆説

縄文文化の「発見」

　縄文土器といえば、今でこそ日本美術の原点といった扱いを受けていますが、その昔は先史時代の遺物としての史料価値は認められても、美術的価値はない、といった見方がふつうでした。また、戦前には縄文土器は、日本人の美意識とは無縁の野蛮な民族の遺物という説も根強く、それが縄文文化に対する正当な理解を妨げてもいました。

　なにしろ、大正時代から昭和初期にかけては、縄文時代の貝塚や縄文土器について「アイヌ式貝塚」「アイヌ式土器」など

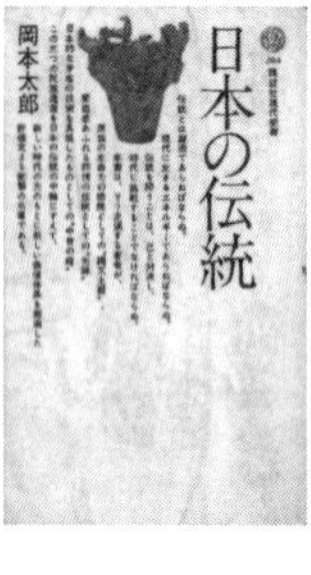

●**岡本太郎『日本の伝統』**１９５６　光文社、１９６４年に第５章「伝統論の新しい展開」を加えて角川文庫、１９７３年に講談社現代新書、１９７９年に講談社から『岡本太郎著作集』第４巻、現在は『岡本太郎の本（２）日本の伝統』（１９９９　みすず書房）および光文社知恵の森文庫（２００５）で入

という呼称が考古学界でも用いられていたほどです。実際のアイヌ民族の土器は縄文土器と似ても似つかないわけですが、縄文時代人とアイヌ民族をともに野蛮人扱いすることで同一視した上、その差異には目をふさぐという二重、三重の偏見がまかり通っていたのでした。

そうした風潮を覆し、縄文土器の美術的価値の再評価を迫ったのは、美術家の岡本太郎（１９１１〜９６）が１９５２年に発表した「四次元との対話―縄文土器論」です（後に岡本の著書『日本の伝統』１９５６、に収録）。

後に岡本は大阪万博（１９７０）のモニュメント「太陽の塔」を手掛け、美術界のみならず、お茶の間の話題にものぼるような有名人になりました。

それにつれて、その著書も広く読まれるようになり、一般の人々の縄文文化への視線も次第に変わっていったのです。ある意味、縄文文化の真価は岡本によって「発見」されたといって

手可能。書影は講談社現代新書版。

もよいでしょう。

また、１９６０年代には、遺物の年代測定が進み、その結果、日本の縄文文化はどうやら世界最古の土器文化だったらしい、ということが次第に明らかにされつつありました。

保守派の論客・林房雄が１９７１年に発表した『神武天皇実在論』と、前衛科学評論家・武内裕が１９７５年に著した『日本のピラミッド』は、どちらも『上記《うえつふみ》』『富士宮下文書』『竹内文書』などに出てくる超古代王朝は、縄文時代の王権だった、と主張する本です。

林や武内の立論が可能になったのも、岡本の「縄文土器論」と当時最新の縄文土器年代論があればこそでした。実際、この二つの本には、そのどちらにも岡本の業績への称賛と、縄文土器が世界最古の土器である旨とについて言及した箇所があります。

ところで、林と武内の論調は、縄文文化の偉大さを認めると

●**林房雄『神武天皇実在論 よみがえる日本古代の英雄』**１９７１ 光文社カッパブックス、現在入手不可。
●**武内裕『日本のピラミッド』**１９７５ 大陸書房、現在入手不可。

いうことでは一致していますが、その政治的方向性は180度違っています。

林は、現在の天皇家と縄文時代の王との間の連続性を認め、万世一系の皇室こそ、日本文化の連続性を保証するものとして、それを賛美します。

それに対して武内は、縄文人の王朝を滅ぼして、それにとって代わったものこそ外来者の弥生人の王朝だった。そして、皇室は弥生人の王朝の流れをくむもので縄文文化を抹殺しようとする勢力の筆頭だった、とみなします。

さて、1970年代半ばまで、いわゆる古史《こし》古伝《こでん》研究は、天皇崇拝の延長として行われていました。林の主張もその流れにのっとったものです。そもそも、古史古伝の多くは皇室の歴史を遥かな太古まで遡らせる内容なのですから当然と言えば当然でしょう。

ところが武内裕の登場により、古史古伝の古代王朝を皇室と

29　第3社会　14版　1993年（平成

縄文時代最大の環状盛り土

周辺集落の共同祭祀跡か

小山で発掘

栃木県埋蔵文化財センターは三十日までに、同県小山市梁の寺野東遺跡で、環状に土を盛った縄文時代としては最大級の遺構を発掘した。盛り土からは土偶や耳飾りなどが出土、火を使った形跡もあり、周辺の集落が数百年にわたって共同で使った祭祀（さいし）跡との説も出ている。

遺構の東の部分は江戸時代の開拓により発掘が不可能になっているが、全体の大きさを推定すると、南北約百八十㍍、東西は百五十㍍のだ円形。盛り土の高さは約五㍍前後、幅が二十一四十㍍。同センターでは三千―三千五百年ほど前の縄文後期から晩期にかけての遺構と見ている。

盛り土は異なる年代の何層もの地層で構成されている。複数の地点で火を使うイベントを行っては土を盛り、これを七百―八百年という年月にわたって繰り返しているうちに、環状の盛り土になったものと見ている。

同センターの大金宣亮調査部長は「狩の成功への感謝や人の葬送など多目的の祭祀に使われた場所ではないか。縄文時代は狩猟生活が主体で暗く保守的な時代とされていたが、これが祭祀跡なら、縄文人は我々の常識を超える豊かな精神生活を営んでいたと考えられる」と話している。

●**寺野東遺跡**で縄文時代最大級の環状盛り土、共同祭祀跡か（1993年7月1日朝日新聞）

無関係のものとして解釈する道が開かれました。

さらに武内は、縄文時代には現代科学と異なる原理の高度な科学があったが、それは天皇制国家によって封印された、という視点を古史古伝研究に導入したのです。

武内裕に限らず、70年代には縄文を語るということに反体制・反天皇制的な意図をこめる人は少なくありませんでした。天皇制の精神的根拠は、弥生時代以降の稲作文化と結びついている。だから、稲作が普及する前の縄文時代に日本文化の原点を求めれば、日本人を文化論的に天皇制の呪縛から解放できる、という発想です。

70～80年代の古代史ブームでは、研究者やマスコミ人士の間にしばしば反体制をきどる傾向がありました。そして、縄文文化論は、その古代史ブームの一部をなす形で流通していたわけです。

今にして思えば、星野之宣の『ヤマトの火』『ヤマタイカ』

1993年（平成5年）9月13日　月曜日　朝刊

縄文の大規模「鉱山」

黒曜石の採掘跡75基

長野県で確認

●鷹山遺跡群で黒曜石採掘跡75基、大規模鉱山か（1993年9月13日朝日新聞）

●星野之宣『ヤマトの火』→第6章

●星野之宣『ヤマタイカ』→第6章

●諸星大二郎『徐福伝説』1979年1月号『別冊少年ジャンプ増刊』に掲載、集英社にも当時のそうした縄文文化論の影響が見てとれます。

また、諸星大二郎も「徐福《じょふく》伝説」（１９７９）などの作品で、縄文文化の中に失われたテクノロジーがある、という設定を取り入れています。

90年代の逆転

さて、古代史ブーム全般は90年代を迎えるあたりから下火になりますが、その中にあって縄文文化論だけは隆盛を迎えます。いや、むしろ90年代には古代史ブームを離れた形での縄文ブームがわきおこった、といった方がいいでしょう。

そのきっかけになったのは90年頃から続出した考古学上の新発見の数々です。１９９０年に栃木県小山市で発見された広域祭祀遺構・寺野東遺跡（縄文後期。なお、中心となる共同祭祀跡の発掘は９３年）、１９９３年の調査で黒耀（曜）石（石器

ジャンプスーパーコミックス『徐福伝説』（１９７９）、集英社ジャンプスーパーエース『暗黒神話』（１９８８）、集英社文庫『暗黒神話』（１９９６）に収録。

朝日新聞　夕刊
1994年(平成6年)7月16日　土曜日
4500年前の巨大木柱出土
青森市の三内丸山遺跡
20メートル超す建造物か
吉野ケ里しのぐ可能性

●夕刊の一面を飾る三内丸山遺跡出土の巨大木柱群跡（１９９４年7月16日朝日新聞夕刊）

の材料として重要な素材）の大量採掘・大量加工現場であることが判明した長野県長門町の鷹山遺跡（旧石器時代〜縄文後期）、1992年に大規模集落跡であることが判明した青森市の三内丸山遺跡（縄文前期〜中期）などです。特に三内丸山遺跡では、94年に大型建物跡と思われる6本の巨大木柱の痕跡が発見され、縄文ブームにいっそうの拍車をかける形になりました。

90年代の新たな縄文ブームが70〜80年代と違うのは、縄文文化と現代の日本文化との連続性が強調されるようになったことです。

90年代後半、反日教組的姿勢を明確に打ち出した「新しい歴史教科書をつくる会」の活動が話題になりましたが、その会で歴史教科書のパイロットとして構想した『国民の歴史』（西尾幹二著、1999）や、その会で作成して2001年に検定合格した扶桑社版『新しい歴史教科書』では、どちらも日本文化

●**西尾幹二『国民の歴史』**1999　産経新聞出版。

●**西尾幹二ほか『新しい歴史教科書』**2001　扶桑社。

●**『南海奇皇　ネオランガ』**1998年4月〜9月にファーストシーズン全24話、1999年4月〜9月にセカンドシーズン全24話（1話15分）をWOWOWで放送。原作會川昇、監督神谷純。

の原点を縄文に位置づけ、三内丸山遺跡のことを特筆しています。

これは、縄文文化を語ることがもはや反体制ではなく、既成左翼から見れば「右翼」「体制擁護」に属する立場からも試みられるようになった、という好例でしょう。

そのあたりを巧みに作中設定に取り入れたのが、アニメ『南海奇皇』（1998〜99）です。この作品は、南の島国バロウ王国に現れた新しき神？「ネオランガ」が日本に上陸、さまざまな波紋を引き起こすといった内容ですが、その中で主な悪役とされるのは日本の政財界を牛耳ろうとする右翼ファシズム結社・虚神会です。

そして、この作品においては、（放送と同時期、現実社会でも展開していた）縄文ブームは、虚神会が日本人のナショナリズムを強化するために仕組んだ陰謀の産物ということになっているのです。

●**水木しげる『縄文少年ヨギ』** 1976年1月〜8月『週刊パワァコミック』に連載、双葉社パワァコミックス『縄文少年ヨギ』（1976）、小学館入門百科シリーズ『カラー版妖怪まんが　縄文少年ヨギ』全2巻（1985）、中央公論社『異界への旅〈愛蔵版水木しげる作品集〉』第1巻（1990）、ちくま文庫（1992）、嶋中書店アイランドコミック『水木しげる妖怪傑作選』第3巻（2005）、マガジンファイブから愛蔵版（2007）。書影は小学館版。

左から右へのバトンタッチ……縄文のイメージに対する政治的意味付けの変化を『南海奇皇』は見事に描き出したのでした。

しかし、左からも右からも利用しうる、ということはむしろ縄文文化に対するイデオロギー意味付けの無意味さをも物語っているといえましょう。

現代的なイデオロギー闘争を離れて、縄文時代人の世界観と生活感覚に迫ろうとした作品として、古くは水木しげる『縄文少年ヨギ』（1976）、最近の作品では高室弓生『ニタイとキナナ』（単行本、2006）、『縄文物語　わのきなとあぐね』（単行本、2007）があります。

●高室弓生『ニタイとキナナ』1998〜2000年『コミックトムプラス』に連載、2006年に青林工藝舎。

●高室弓生『縄文物語』1989〜90年『コミックモーニングパーティ増刊』に連載、1990年に講談社パーティコミック、2007年に青林工藝舎から『縄文物語　わのきなとあぐね』として復刊。

第5章
土偶の姿のキャラクターたち

遮光器土偶＝宇宙人土偶説

遮光《しゃこう》器《き》土偶《どぐう》——その通称は、目の部分が、北方民族が雪焼けから目を守るために用いる遮光器（ゴーグル）に似ていることに由来します。縄文時代の土偶には、実際のところ、さまざまな姿のものがありますが、現在では遮光器土偶ばかりが有名になってしまったため、土偶といえばまず遮光器土偶の姿を思い浮かべるという人も多いでしょう。

　ではなぜ、土偶の中で遮光器土偶ばかりが有名になったのでしょうか。それはこのタイプの土偶がかつて一部マスコミから

■**遮光器土偶**　縄文時代晩期（通説では今から約３２００～２３００年前）の遺跡から出土する遺物の一種で、東北地方を中心として東日本に分布する。大きさは数センチから20センチ程度、まれに大型のものが40センチ前後になる。内部は中空で壊された状態で出土し、完形で見つかることはない。神像説もあるが、現在では儀式に用いるために最初から壊される目的で作られた人形という説が有力。なお、この土偶がアラハバキという神の像だという説は１９７０年代に捏造された「伝承」が根拠であり、まったくの虚妄である。その問題については拙著『「古史古伝」異端の神々』参照。

「宇宙人土偶」としてもてはやされたためです。

1962年、ソ連（当時）のSF作家アレクサンドル・カザンツェフは日本の遮光器土偶は、宇宙服を着た宇宙人の姿を模したものではないか、というエッセイを雑誌『アガニョーク』に発表しました。カザンツェフの説は1960年代のうちに日本でも紹介されています（たとえば斎藤守弘『世界の奇談』1968　大陸書房）。

ただし、日本ではそれ以前の1960年9月、CBA（宇宙友好協会）というUFOカルトの機関紙で遮光器土偶＝宇宙人土偶説が掲載されていました。CBA代表の松村雄亮はカザンツェフとも親交があったので、あるいはカザンツェフは松村からこの説を教えられたのかも知れません（CBAと松村雄亮について、くわしくは唐沢俊一『新・UFO入門』2007　幻冬舎、参照）。

その後、1970年代にはエーリッヒ・フォン・デニケンの

●原田実『「古史古伝」異端の神々』〈太古日本の封印された神々②〉2006　ビイング・ネット・プレス。

●斎藤守弘『世界の奇談』1968　大陸書房、現在入手不可。

●唐沢俊一『新・UFO入門　日本人は、なぜUFOを見なくなったのか』2007　幻冬舎新書。

一連の著書が世界的ベストセラーになり、やがて遮光器土偶も宇宙人が古代の地球、それも日本に来た証拠としてもてはやされることになりました。そのせいか、今では遮光器土偶＝宇宙人土偶説はデニケンの説だと思い込んでいる人もいます（実際にはデニケンの著書では遮光器土偶について特に言及されてはいない）。

遮光器土偶＝宇宙人土偶説では、その頭部はゴーグルと通信機を装備したヘルメット、肩幅や腰が広いのは内部の圧力保持のための膨らみ、手足の表現は関節部分にだけ柔軟性がある構造を示す、という具合にその姿が宇宙服を写実的に表したものとしてこじつけられています。

映像作品で、遮光器土偶＝宇宙人土偶説を取り入れた例としては、『ウルトラQザ・ムービー　星の伝説』（１９９０）のワダツジンのデザインが挙げられるでしょう。

また、同じく１９９０年の映画『ジパング』（林海象監督）

■**エーリッヒ・フォン・デニケン**（１９３５〜）スイスの実業家・作家。古代の謎めいた遺跡・遺物は地球を訪れた異星人の産物だという古代宇宙飛行士説を唱える。１９６８年の著書『未来の記憶』は日本語を含む各国語に翻訳され、70年代に宇宙考古学の世界的ブームを引き起こした。『星への帰還』『人類を創った神々』『人類が神になる日』など著書多数。

●**エーリッヒ・フォン・デニケン『未来の記憶　超自然への挑戦』**（松谷健二訳）１９６９早川書房（ハヤカワ・ライブラリ）、『未来の記憶』のタイトルで１９７４年に角川文庫、１９９７年に角川書店からハードカバーで発行、現在入手不可。書影は角川文庫版。

では、異世界にある黄金の国ジパングの王（演じるは平幹二朗）が遮光器土偶そのままの姿の鎧《よろい》で全身を覆って暴れまわりますが、これもあるいは宇宙服と鎧の連想から生まれた設定なのかも知れません。

ロボット土偶の諸相

しかしコミックやアニメ、ゲームにおいては遮光器土偶型のキャラは宇宙人よりもむしろロボットとして登場することが多いようです。

遮光器土偶＝ロボットというイメージ形成への契機となったのは、おそらく『ムー』１９８４年12月号の総力特集「『古事記』が明かす神代の超科学」（山田久延彦・本文、藤井康文・イラスト）のイメージイラストでしょう。そこには円錐形の建造物を背景に、遮光器土偶そっくりの巨大メカが今まさに起動

●**エーリッヒ・フォン・デニケン『星への帰還　地球人はいかにして生じたか』**（金森誠也訳）１９７１　角川文庫、１９９７年に角川書店から『星への帰還』のタイトルでハードカバーで発行、現在入手不可。書影は角川文庫初版。

●**エーリッヒ・フォン・デニケン『宇宙人の謎　人類を創った神々』**（金森誠也訳）１９７４　角川文庫、１９９７年に角川書店から『人類を創った神々』のタイトルでハードカバーで発行。現在入手不可。

せんとする場面が描かれていました。

山田久延彦はその後の著書において、遮光器土偶は古代の巨大建設機械を模したものだという説を発表しました。山田はその説のヒントを『ムー』のイラストから得たことを認めています（山田『日本にピラミッドが実在していた!!』１９８５ 徳間書店）。

１９８８年、『コロコロコミック』10月号において藤子・F・不二雄『ドラえもん のび太の日本誕生』が連載開始。８９年３月号での連載終了とほぼ同時期に同作の劇場版アニメが公開されます。この作品で重要なのは悪役の一人？に遮光器土偶型のメカが登場していたことです。その名は「ツチダマ」、ボディは特殊セラミック製で空中を浮遊して移動することができる、という設定でした。

この作品が発表される直前の時期、ファインセラミックが無限の可能性を持つ新素材として産業界でもてはやされたことが

●**エーリッヒ・フォン・デニケン『人類が神になる日 デニケンの宇宙文化人類学』**（坂本明美訳）１９８６ 佑学社、１９９７年にアリアドネ企画から増補版、現在入手不可。書影は１９９７年版。

●**『ウルトラQザ・ムービー 星の伝説』**→第1章

●**『ZIPANG ジパング』**１９９０ 東宝。監督林海象、特技監督浅井英一、美術監督木村威夫、出演高嶋政宏・安田成美。伝説の黄金の国「ZIPANG」の扉を開ける鍵をめぐり、忍者団や古代人、大盗賊らが激しい争奪戦を繰り広げる冒険時代活劇。

あります。ツチダマの材質はそれを踏まえて設定されたものでしょう。しかし、セラミックという言葉は結局、陶器を意味するものでもあるわけで、その設定は本来のモデルである土偶、すなわち土器の性質をも踏まえたものになっています。

１９８９年、前にも紹介した『ＳＦ新古事記まんが高天原ストーリー』が発表されています。その中にも、スサノオの従者として遮光器土偶型のロボットが登場しました。こちらも「ツチダマ」と同様、空中を浮遊して移動しますが、性格は善良で口数が多く、コメディリリーフの役割を果たしていました。おそらく、その性格のモデルは『スターウォーズ』のＣ３―ＰＯあたりでしょう。

ゲームの世界に目を転じれば、１９９４年にカプコンから発売された格闘ゲーム『ヴァンパイア』に遮光器土偶型のロボットが登場しています。その名は「フォボス」。設定身長は２２２センチですが画面上での威圧感は圧倒的でした。

●『月刊ムー』１９８４年12月号「総力特集『古事記』が明かす神代の超科学」

●山田久延彦『日本にピラミッドが実在していた!!　皆神山が語る驚異の超古代文明』１９８５　徳間書店。

フォボスは、本来の設定では異星人が作って太古の地球に設置したロボットとされていました。それは恐竜を絶滅に追い込んだ後、地中で眠っていましたが、現代に再起動し、全生物の抹殺というプログラムの実行目指して暴れ始めます。

『ヴァンパイア』は『ヴァンパイアハンター』（1995）『ヴァンパイアセイヴァー』（97）、さらにそれらの続編という形でぞくぞくシリーズ化されますが、「セイヴァー」以降のシリーズでは古代マヤ文明が残した遺物という形に設定変更されました。

なお、『ヴァンパイアハンター』は1997年に全4巻のOVA化がされています。地中から無数のフォボスが立ちあがって飛び立つ場面はそれなりに迫力があったのですが、そのまま他のキャラたちにあっけなく粉砕されていく様は涙を誘います。

●『月刊ムー』1984年12月号P22〜23。「『古事記』が明かす神代の超科学」監修＝山田久延彦・イラストレーション＝藤井康文。

土偶型巨大ロボの先祖返り

椎名高志のコミック『GS美神　極楽大作戦!!』（1991～99）には、魔界の反逆者アシュタロスの参謀役として「土《ど》偶《ぐ》羅《ら》魔《ま》具《ぐ》羅《ら》」というキャラが登場しました。

これはアシュタロスに作られたロボットで大きさは実際の遮光器土偶と同じ程度という小型メカでした。なお、このキャラの原型で外見、名前とも同様のキャラが椎名の別作品「長いお別れ」（1990）に登場します。そちらでの設定では30世紀からタイムトラベルしてきたロボットとされていました。

椎名によると、土偶羅魔具羅は『のび太の日本誕生』のツチダマにヒントを得たキャラだったとのことです。実は「長いお別れ」そのものが藤子・F・不二雄の『のび太の恐竜』（1980。1980年と2006年の2回映画化された）へのオマージュといってよい作品であり、土偶羅魔具羅は、椎名

●藤子・F・不二雄『ドラえもん　のび太の日本誕生』1988年10月号～89年3月号『月刊コロコロコミック』に連載された大長編ドラえもんシリーズ第9作。1989年に小学館てんとう虫コミックス。1989年3月に劇場版アニメ公開（監督芝山努、映画シリーズ第10作）。

●那野比古『SF新古事記まんが高天原ストーリー』→第3章

●椎名高志『GS美神　極楽大作戦!!』

が偉大な先人へと抱く敬意から生まれたキャラといってよいでしょう。

なお、『GS美神　極楽大作戦!!』は1993年から94年にかけ『GS美神』のタイトルでテレビアニメ化されたことがありますが、土偶羅魔具羅の登場はその放送終了以後のことだったため、残念ながらその姿がテレビに登場することはできませんでした。

最近の作品で遮光器土偶型メカの傑作と言えば、吉崎観音『ケロロ軍曹』に登場する「時限兵器」でしょう。同作品コミックの連載が開始されたのは1999年4月ですが、その後、2004年4月からはテレビアニメ化され、現在ではオリジナルの劇場版アニメまで作られるほどの人気を博しています。

遮光器土偶型メカが登場したのは第38話「灼熱脱出！　地底怪進撃!!…の巻」、主人公のケロロ小隊（地球で囚われの身と

1991〜99年『週刊少年サンデー』に連載。小学館少年サンデーコミックス全39巻、2006〜07年に少年サンデーコミックスワイド版全20巻。土偶羅魔具羅は「デッド・ゾーン!!　その8」（コミックス版第22巻）に初登場。書影はコミックス版第22巻。

●『GS美神』　1993年4月11日〜94年3月6日、テレビ朝日系列で毎週日曜日20時30分〜21時に全45話放送。書影はフィルムコミック『GS美神』（1994少年サンデーコミックスビジュアルセレクション）。

なっている侵略者ケロン人の部隊）は地底戦車マグマ・スイマーでの作戦行動中、地底深くにある古代遺跡に遭遇します。

そこには巨大な遮光器土偶の姿をした三体の大型ロボットがありました。遺跡に残された古代銀河標準語の碑文には次のように記されています。


…この星にとり残され…もう三万年の月日が過ぎた…残された時間はわずか　せめて我々の思いをたくし地球制圧兵器をここに埋め隠すものなり…

（『ケロロ軍曹』5巻　2002　角川書店）


そして、ケロロ小隊は彼らとの遭遇とともに目覚めた古代侵略者の時限兵器を相手に戦闘に入るのです。

同エピソードはテレビアニメの第27話Bパートの原作となっており、それによって時限兵器もまたテレビに登場しました。

●椎名高志「長いお別れ」1990年10月『週刊少年サンデー』増刊号に掲載、小学館少年サンデーコミックス『［有］椎名百貨店1』（1991）に収録。

また、劇場版第1作となった『超劇場版ケロロ軍曹』（2006）には別タイプの遮光器土偶型巨大ロボットが登場します。こちらはケロロ小隊と同じケロン人が作った兵器という設定でした。時限兵器が自足歩行なのに対して、劇場版に登場するメカは手足の関節部がなく、ジェット飛行によって移動します。

『ケロロ軍曹』に登場した遮光器土偶型メカはいずれも巨大ロボだったため、そのイメージは他のどの作品に登場したメカよりも『ムー』1984年12月号のイラストに近いものがあります。遮光器土偶型メカはさまざまな試行錯誤を経たあげくにこの作品において先祖返りをした、というところかも知れません。

なお、『ケロロ軍曹』についてさらにいえば、原作コミックおよびテレビアニメでは自足歩行だった遮光器土偶型メカが劇場版ではジェット飛行するというのは興味深いところです。実

●藤子・F・不二雄『ドラえもん　のび太の恐竜』1980年1月号～3月号『月刊コロコロコミックス』に連載された大長編ドラえもんシリーズ第1作。1980年3月に劇場版アニメ公開（監督芝山努、映画シリーズ第1作）。1983年に小学館テントウ虫コミックス。2006年3月に劇場版アニメ『ドラえもん　のび太の恐竜2006』公開（総監督楠葉宏三、作画監督小西賢一）。書影はテントウ虫コミックスワイドスペシャル版（1999）。

際、遮光器土偶型キャラで手足に関節部を設けて動かしてみようとするとどうしても不自然なものにしかならないのです（『ジパング』での遮光器土偶型鎧の動きは決してスムーズなものとはいえませんでした）。多くの作品で遮光器土偶型メカに浮遊能力、飛行能力が与えられているのはそのためでしょう。それを思うと、遮光器土偶＝宇宙人土偶説の根拠である、「遮光器土偶型は宇宙服として機能的」という発想はかなり疑わしい、ということになります。

●吉崎観音『ケロロ軍曹』　1999年4月号～『月刊少年エース』連載中。角川コミックス・エースで現在17巻まで。2004年4月3日からテレビ東京系列で放送、現在第5シーズン。劇場版アニメは2006年3月に『超劇場版ケロロ軍曹』（監督近藤信宏・総監督佐藤順一）、2007年『超劇場版ケロロ軍曹2　深海のプリンセスであります！』（監督山口晋、総監督佐藤順一）、2008年に『超劇場版ケロロ軍曹3　ケロロ　対ケロロ天空大決戦であります！』（監督山口晋、総監督佐藤順一）。

土偶＝萌えフィギュア？

小野寺浩二のコミック『UFOおねぇさん』（2007）にもユニークな遮光器土偶型メカが登場します。この作品のそれも『ケロロ軍曹』と同様、古代の地球にやってきた侵略者が残した兵器という設定です。しかし、その機能が完全に回復する場面で読者は驚かされることになります。それは遮光器土偶としての特徴を保ったままで、美少女萌えキャラに変形してのけるのです!!

私は以前の著書において、現代人から見て異様な遮光器土偶の姿も、各要素に分解して当時の基準における女性の魅力的要素を誇張したものとみておかしくないことを指摘しました（原田『トンデモ日本史の真相』前掲）。この分析について唐沢俊一さんが『日刊ゲンダイ』の書評欄で「遮光器土偶は古代の萌えフィギュアだったのか！」と評してくれたことがあります。それだけに『UFOおねぇさん』の単行本を読んだ時、その遮光器土偶変形シーンには我が意を得たりと思わず膝をうったものでした。

さて、こうして映像作品に登場する遮光器土偶キャラクターを見ていくと、その多くが古代の遺跡と関連づけられている、あるいは登場作品の舞台そのものが古代に置かれている、とい

●小野寺浩二『UFOおねぇさん』２００６〜０７年『ヤングキングアワーズプラス』に掲載、２００７年に少年画報社ヤングキングコミックスで全1巻。

●原田実『トンデモ日本史の真相　と学会的偽史学講義』２００７　文芸社。

うことがわかります。

これはもちろん土偶というもの自体に古代のイメージがあるからです。また、この設定を取り入れることで現実世界における遮光器土偶は実はそのキャラを模したものだという裏設定を入れることで作品世界のリアリティが補完できる、という効果もあるのですね。

それらのキャラは古代の遺物をモデルに作られたものですが、作中世界においてはそれらをモデルに古代の遺物ができたという倒錯が生じるわけです。

『ケロロ軍曹』テレビアニメでは、遮光器土偶が作中世界のオーパーツとしてもしばしば登場します。あるいはスタッフが意図したものではないかも知れませんが、結果として遮光器土偶は作中世界と私たちの現実世界とを結ぶ役割を果たしています。

なお、最後に宇宙服でもメカでもない、土偶そのものとして

■オーパーツ→163ページ

の印象深い登場例を紹介して、この章を終えましょう。それは諸星大二郎『暗黒神話』に出てくる8匹の蛇にからまれた姿の遮光器土偶です。作中人物により「まるで黄泉の国のイザナミの姿のようじゃ」と言われたその土偶は、主人公を凄絶な運命へと導く道標の一つになっていくのです。

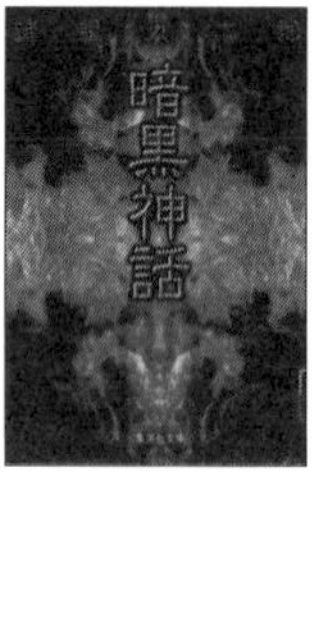

●**諸星大二郎『暗黒神話』** 1976年20〜25号『週刊少年ジャンプ』に連載、1977年に集英社ジャンプスーパーコミックス全1巻、1988年に集英社ジャンプスーパーエース、1996年に集英社文庫コミック版。書影は集英社文庫版。

第6章 銅鐸コンピュータ説

銅鐸型コンピュータ「アメノミナカヌシ」

アニメ『機動戦艦ナデシコ』（1996〜97）は、日本神話の神々に由来する名詞が登場する作品でした。麻宮騎亜によるコミック版『遊撃宇宙戦艦ナデシコ』（1996〜99）では、それらの名詞をキーワードに日本神話パロディの方向に話を発展させたほどです。

その中でも名前と役回りとがもっとも一致している例は何といっても「オモイカネ」でしょう。天才オペレーター・ルリルリことホシノ・ルリの良き相棒にして、大型宇宙戦艦ナデシコ

●『機動戦艦ナデシコ』→第3章

●麻宮騎亜『遊撃宇宙戦艦ナデシコ』→第3章

をコントロールするAIの名前です。

記紀神話におけるオモイカネ（思兼神・思金神）は、アマテラスの天岩戸《あまのいわと》隠れの際に岩戸開きの策を練った知恵の神であり、天孫降臨ではニニギに従って共に地上に降りたとされています。なるほどコンピュータの名前にはふさわしいでしょう。『SF新古事記まんが高天原ストーリー』（前掲）でも、オモイカネは高天原の人工知能の名として登場しています（あるいは『機動戦艦ナデシコ』での日本神話応用はこの作品をヒントにしたのかも知れません）。

さて、その『新古事記』においては古代宇宙文明の産物の多くが近代的なメカとして描かれているのですが、中には例外もあります。その一例がマザーコンピュータ「アメノミナカヌシ」で、これは何と巨大な銅鐸《どうたく》の姿をしているのです。この作品のヒロインであるアマテラスが自らの意識をコンピュータとリンクさせる描写は、あたかも巫女《みこ》が銅鐸を祀る様のようで

●那野比古『SF新古事記まんが高天原ストーリー』↓第3章

す。

おそらく、このコンピュータの描写は山田久延彦の説を受けたものでしょう。山田の最初の著書『真説古事記』には、すでに「コンピュータをもった神々」というサブタイトルがついていました。山田はこの著書において、『古事記』のオモイカネは人物ではなく、「もの」（機械）として語られていると主張しています。

そして、天の岩戸開きのくだりと天孫降臨のくだりに共に登場する八咫鏡《やたのかがみ》はオモイカネとセットで使うコンピュータ用ディスプレイ装置であり、その入力に用いるための文字こそカタカムナ文字（仮神字）だったというのです。

われわれが現在使用している文字は、象形文字から発展し、表意文字さらに表音文字と進んできた。この発展過程やその形状と比較してみると、仮神字は大変異色であり、

●**山田久延彦『真説古事記　コンピュータをもった神々』** 1979　徳間書店、1984年に徳間書店から『真説古事記　1　コンピュータを携えた神々』、1995年に徳間書店「認知ライブラリー」として『真説古事記　完全版1　コンピュータを携えた神々』、現在入手不可。

カタカムナ文字

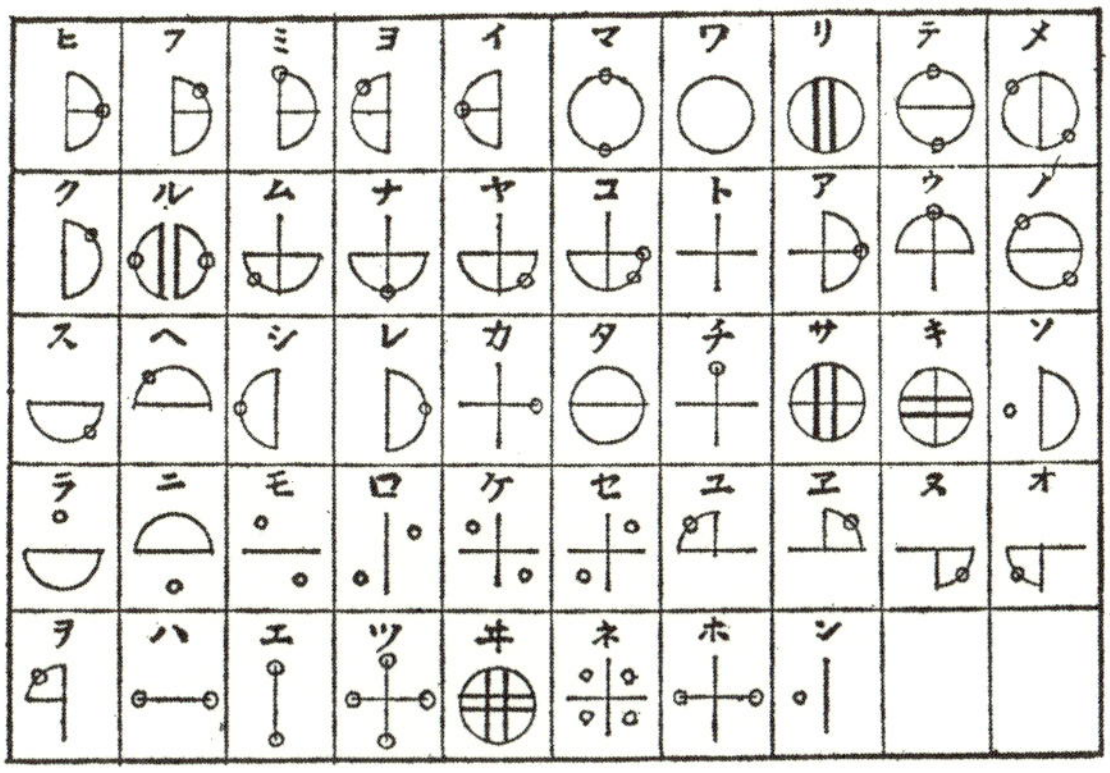
ヒ
フ
ミ
ヨ
イ
マ
ワ
リ
テ
メ
ク
ル
ム
ナ
ヤ
コ
ト
ア
ウ
ノ
ス
ヘ
シ
レ
カ
タ
チ
サ
キ
ソ
ラ
ニ
モ
ロ
ケ
セ
ユ
エ
ヌ
オ
ヲ
ハ
エ
ツ
井
ネ
ホ
ン

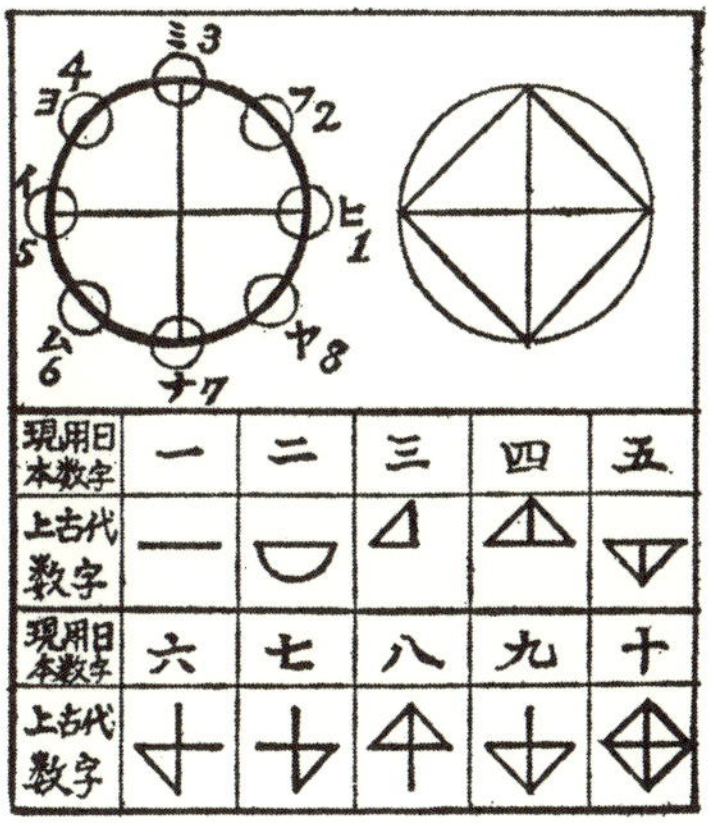
ミ3
フ2
ヒ1
ヤ8
ナ7
ム6
イ5
ヨ4
現用日本数字
一
二
三
四
五
上古代数字
現用日本数字
六
七
八
九
十
上古代数字

高度に抽象化された文字（図象）といえよう。このことは文明レベルの低かった当時の古代地球人がつくりだしたものとはとうてい思えない。むしろ高い文明を誇っていた天つ神のものとするほうが自然である。

したがって、仮神字はコンピュータに使用されるメモリーのビットパターンを図象化した機械文字ではなかろうか。とくにこのような八つの小円と大円の円弧、四直線の組み合わせは16ビットのビットパターンの認識に最適な図象である。

以上のことから、仮神字は八咫の鏡のコンピュータ文字であり、八咫の鏡はディスプレー装置で、思金の神はコンピュータであると結論づけられるのではないか。

（山田『真説古事記』１９７９　徳間書店）


さて、『古事記』の編者やその元となる伝承を残した人々にとって、考えるという能力が「もの」ではなく、人に帰属するものだったことはいちいちことわらなくとも自明のことだったでしょう。

また、カタカムナは実際には古代から伝わったものではなく、戦後に創作されたものですから、「古代地球人がつくりだしたものとはとうてい思えない」のはおかしなことではありません。さらに言えば、現代人を超える超科学を有していたはずの「天つ神」のコンピュータが16ビットだというところも、この本が書かれた時代ならではの発想の制約を感じさせます。

山田は後の著書『銅鐸とコンピュータ』でこの説をさらに発展させました。すなわち、古代人はオモイカネ＝コンピュータを模した異物を残した。それが銅鐸だ、というわけです。なるほど、銅鐸はたしかに「カネ」すなわち釣鐘の形状をしています。

山田はまた、当時の最新鋭コンピュータに、銅鐸に似た円

●**山田久延彦『銅鐸とコンピュータ　古事記が予言する未来技術』**1981　徳間書店、1984年に徳間書店から『真説古事記3　銅鐸は第5世代のコンピュータ』のタイトルで改訂版、現在入手不可。書影は改訂版。

筒形に近い形のものが実際にあった、ということも指摘しています。１９７６年にクレイリサーチ社のシーモア・クレイ（１９２５〜９６）が開発したスーパーコンピュータ「ＣＲＡＹ−１」です。

私は（中略）思兼の神または思金の神は本来思鐘の神といわれていたのではないかという発想をえた。また、岡山県の兼基というところで銅鐸が出土したという事実から、思鐘の神は銅鐸であるという結論に到達したのであるが、この推測を強力にバックアップしたのは、現在最高の性能をもつといわれているＣＲＡＹ−１の外形がいかにも鐘を思わせる形状をしているということである。

（山田『銅鐸とコンピュータ』１９８１　徳間書店）

ただし、山田は、銅鐸（のモデルになったコンピュータ）

●なお、山田久延彦の真説古事記シリーズには他に次の二冊がある。

●**山田久延彦『古事記と宇宙工学　ＵＦＯ＝天の羅摩船に乗って来た神々』**１９７９　徳間書店、１９８４年に『真説古事記２　皆神山は世界最大のピラミッド』、１９９５年に徳間「超知」ライブラリーとして『真説古事記　完全版２　ＵＦＯを自在に駆使した神々の宇宙工学』、現在入手不可。書影は１９８４年版。

●**山田久延彦『神々の医学　制癌と不老長寿の謎を解く』**１９７９　徳間書店、１９８４

が釣鐘状なのは電磁的な空洞共鳴を利用するためのもので、CRAY―1との類似はあくまで偶然の一致だ、とも言い張っています。

ちなみにCRAY―1は冷却システムを含めると重量5トン以上の文字通りの大型コンピュータでした。円筒形に近い形になったのは効率を上げるために内部の回線が短くなる形状を求めた結果です。もっとも80年代末にはクレイが開発したシステムは時代遅れとなり、現在では円筒型に近い形のスーパーコンピュータは淘汰されてしまいました。

それはともかくとして、当時、山田の著書を手に取ろうとした人はもともと超古代と科学技術の双方に関心がある人ばかりでした。その著書に出てくる数々のアイデアの中でも、古代の謎を象徴する銅鐸と、最先端科学を象徴するスーパーコンピュータという取り合わせの妙は、特に読者の想像力を刺激するものだったのです。

年に徳間書店から『真説古事記　4　生命工学を越える神々の医学』、現在入手不可。書影は1984年版。

『新古事記』に登場するマザーコンピュータが超巨大銅鐸の姿をしているのは、この山田久延彦の説を参考にしたためと考えてよいでしょう。さらに、その影響が『機動戦艦ナデシコ』にまで及んだ結果が「オモイカネ」の登場につながったものと思われるのです。

もう一つの超巨大銅鐸

さて、コミックの世界にはもう一つ、きわめて印象的な超巨大銅鐸があります。それは星野之宣『ヤマタイカ』（1987～91）に登場する「オモイカネマツカネ」です。

『ヤマタイカ』の原型となった『ヤマトの火』は琉球のシャーマニズム、日本神話、邪馬台国の謎などをリンクさせ、日本民族の原像に迫るという壮大な構想のもとに書き出された作品でしたが、雑誌掲載時は不人気でたちまち打ち切りと

●星野之宣『ヤマタイカ』1986年11月号～91年4月号『月刊コミックトム』に連載。潮出版社希望コミックス全6巻（1987～91）、潮ビジュアル文庫全5巻（1997）、光文社コミック叢書シグナルから『ヤマタイカ』と『ヤマトの火』を収録した『レジェンド・オブ・ヤマタイカ』全5巻（2006～07）。書影は1997年版。

●星野之宣『ヤマトの火』1983年『週刊ヤングジャンプ』に連載、1984年に集英社ジャンプコミックスデラックス、2005年にメディアファクトリーMF文庫、2007年に

なりました。単行本となったのはその連載終了から数年を経た1984年のことです。

当時、『ヤマトの火』を受け入れることができた読者は少数にとどまったというわけですが、それだけに彼らがこの作品によせる愛着には熱烈なものがありました。その読者たちの支持が後年、別の版元での物語再開（事実上はリライト）をうながし、『ヤマタイカ』が生まれたというわけです。

『ヤマトの火』『ヤマタイカ』の世界観は「火の民族仮説」なるものによって支えられています。

すなわち、古代日本列島には縄文時代以来、火を崇拝する「火の民族」ともいうべき人々がいた。3世紀、大陸からの渡来人は先進技術を用いて火の民族の支持を得、シャーマニズム国家を築いた。それが邪馬台国である。そして、邪馬台国の遺産である超巨大銅鐸が本来の姿を現す時、火の民族の血は現代日本人の中に甦る、というものです（なお、物語中でその説を

『レジェンド・オブ・ヤマタイカ』第5巻に収録。書影は2005年版。

唱える民俗学者・熱雷草作《あたらいそうさく》は宗像教授の原型ともいうべき人物です）。

さて、『ヤマトの火』において、登場する阿蘇山麓の超巨大銅鐸鋳型と、阿蘇の噴火につれて大きく揺れる超巨大銅鐸のイメージ画は読者に強烈な印象を与えました。

読者の中には、銅鐸は九州で出土するものと思い込んでしまった人もいたくらいです（ちなみに『ヤマトの火』連載当時、北部九州でいわゆる小銅鐸が出土した例はあったが明確な銅鐸の出土はまだなかった）。

また、この作中での超巨大銅鐸は、記紀神話のオモイカネと、奄美《あまみ》・琉球伝承での始祖的人物である思松金（オモイマツカネ）とにちなんで「オモイカネマツカネ」と呼ばれています。『ヤマトの火』は、主人公たちが、オモイカネマツカネは古代に九州から持ち出されたらしい、という手がかりをつかんだところで唐突に終わりますが、『ヤマタイカ』はまさにそこ

●宗像教授→第15章

■思松金　奄美神話ではユタ（奄美・琉球で神がかりになって神意を伝える民間の巫女）の始祖となった女性。その美しさゆえに太陽神に見初められ、やがてもうけた男子がトキ（男ユタ。占いを業とする）の始祖を生んだとされる。琉球史では、尚賢王（在位1641～47）の幼名もしくは喜屋武按司（17～18世紀頃、現沖縄県うるま市方面にいた豪族）の幼名とされる。

からが本編の始まりであり、オモイカネマツカネの意外な隠し場所と、それが現代社会に甦ることでもたらされる波紋をサスペンス豊かに描ききりました。なお、そのクライマックスでは遮光器土偶《しゃこうきどぐう》も思わぬ形で物語にからんできます。

あるいは『新古事記』に登場した超巨大銅鐸型のコンピュータには、『ヤマトの火』でのオモイカネマツカネのイメージも投影されていたのかも知れません。

銅鐸

弥生時代に作られた青銅器。主に近畿地方を中心に分布するが、県別出土件数で見ると、現在、第1位は兵庫県（56点）、第2位は島根県（54点）、第3位は徳島県（42点）である。大きさとしては、高さ10数センチから40センチ程度のものが多いが、中には1メートルを超える大型のものもある。現在までに発見された最大のものは滋賀県の大岩山遺跡から出土した高さ約135センチのものである（ちなみに「オモイカネマツカネ」はその数倍から十数倍の大きさがありそうだ）。

九州からは弥生時代の青銅器として銅剣や銅矛《ほこ》が多数出土しているが、銅鐸についてはその原型に近いと思われる小銅鐸がわずかに出土するだけであった。

そのため、弥生時代の青銅器祭祀に関して、九州中心の銅剣・銅矛圏と近畿中心の銅鐸圏という二大文化圏を想定する説が長らく唱えられた。

1980年代に入ると、84～85年に島根県斐川町の荒神谷《こうじんだに》遺跡から銅鐸6点、銅剣358点、銅矛16点の伴出が確認されるなど二大文化圏というモデルでは理解できない発見がなされるようになった。さらに1998年には佐賀県神埼郡の吉野ケ里《よしのがり》遺跡で九州初の（小銅鐸ではない）銅鐸出土が確認されるにいたった。

しかし、銅鐸の出土中心が近畿地方、銅剣・銅矛の出土中心は九州寄りという傾向はいまだ大きく揺らいではいない。

銅鐸はもともと中国古代の楽器から発展したものらしいが、日本列島で独自の展開を遂げており、大陸では日本のものと類似の形式のものは見つかっていない。本来は吊るして鳴らされたものであろうが、大型化が進むにしたがって楽器としての実用性は失った。祭祀に用いられたものと推測はされているが、その実態はいかなるものかは不明である。また、その製作や使用は突然中止され、地中に埋められたものと推定されるが、その理由や正確な時期についても不明である。まさに謎の青銅器といえよう。
　なお、銅鐸は考古学的資料としてではなく、美術的価値も高く評価されており、現在までに発見された銅鐸約500点のうち、54点（ただし集中出土は1件の扱いを受けるので件数としては3件）が国宝に指定されている。その内、39点は島根県加茂町の加茂岩倉遺跡で1996年にまとめて発見されたもので、2007年3月に文化審議会から文部科学大臣に国宝指定を求める答申が出された。

島根県加茂町の農道工事現場で、過去最多の31個以上の銅鐸発見を伝える第一報（1996年10月15日毎日新聞朝刊）と同日夕刊。

銅鐸に古代王国のロマン
出雲産か
大和産か
専門家も意見二分
島根・加茂町

銅鐸　最多の31個
荒神谷遺跡近くで出土

第7章 三角縁神獣鏡の不遇

三角縁神獣鏡は「秘宝」か

古墳から出土する銅鏡の一種に三角縁神獣鏡というものがあります。これは実に魅力的な鏡式ですが、フィクションの世界での扱いはいささか不遇なようです。

1998年1月、奈良県天理市の黒塚古墳から、この鏡が33面も集中出土するという事件がありました。この時、新聞各紙は「卑弥呼《ひみこ》の鏡」「邪馬台国《やまたいこく》論争に決着?」と大きく報じたものです。ところが、それに対し、業田良家は次のような4コマ漫画を発表しました。

●**奈良天理黒塚古墳から三角縁神獣鏡32枚と画文帯神獣鏡1枚の出土**を伝える朝刊1面（朝日新聞1998年1月10日）。2月3日にさらにもう1枚三角縁神獣鏡が発見され合計33枚となった。

主人公が朝、新聞を見ると「卑弥呼の鏡」という見出しが一面トップに踊っている。そこで家族に「邪馬台国とか関心あるか？」と聞くと皆、そんなもの知らないという。職場に行って、同僚たちに同じ質問をすると、一斉に首を横に振るばかり。そこで主人公はなぜこのニュースが新聞に大きく載ったのか、あらためて首をかしげる、というものです。

私はその漫画を読んだとき、古代史ブームがすでに終わっていることを思い知らされた感がありました。それからさらに10年が過ぎ、古代史ファンと社会一般との温度差はさらに開いたようにも思えます。しかし、このような時代だからこそ、古代史の面白さを広く世間に示すような、良質の古代史ものフィクションが現れることを期待したいものです。

さて、三角縁神獣鏡が出てくる作品の方に話を戻しましょう。北森鴻の推理小説『狐闇』（2002）では、この鏡が事件の発端に関わるものとされています。

●**北森鴻『狐闇』**2002　講談社、2005年に講談社文庫。

また、万城目学のファンタジー小説『鹿男あをによし』（２００７）でも、この鏡は重要な役割を担っていました。ちなみに『鹿男あをによし』は２００８年にフジテレビでドラマ化されたため、結果としてこの鏡の知名度を上げるのに役立ちました。

しかし、どちらの作品も今一つ、この鏡式の魅力を掘り下げてはいないように見受けます。さらに映像作品での登場例となると、その『鹿男あをによし』のドラマ版の他には思い浮かばない、というのが現状です。

これは、三角縁神獣鏡が「卑弥呼の鏡」といったキャッチコピーめいたイメージでのみとらえられ、その物自体としての性質があまり知られていないためかも知れません。

まず、前述の作品ではどちらも、三角縁神獣鏡があたかも滅多にない秘宝であるかのように扱われています。しかし、この鏡は日本全国で５００面近い出土例が知られていますし、それ

●**万城目学『鹿男あをによし』**２００７　幻冬舎。２００８年1月17日～3月20日、フジテレビ系で毎週木曜日22時～23時に全10話放送。タイトルバックに流れた不思議な文字は神代文字の「日文草書（アヒルクサ文字）」。

以外にコレクターや骨董屋が秘蔵しているものも多数あると推定できます。つまり、三角縁神獣鏡は古墳時代前期にはありふれた鏡式だったと思われるのです。

そのことは出土状況からも裏付けられます。黒塚古墳では、三角縁神獣鏡33面の他に画文帯神獣鏡が1面、出土していますが、画文帯神獣鏡の方が被葬者の遺体と共に棺に納められていたのに対し、三角縁神獣鏡の方は棺の周囲の土に無造作に突き刺されていました。この古墳での葬送儀礼で、どちらの鏡が大切にされていたかは明らかです。

北森、万城目とも、作中に登場する鏡について、それが他に類例がない特殊なものであることを示す属性を付け加えてはいますが、そうまでするなら、最初からもっと珍しい鏡式に設定した方が良かったように思えます。

また、黒塚古墳は極端な例としても三角縁神獣鏡は一つの古墳から複数面が出土する傾向があることが知られています。

つまり、この鏡が使われる様を描くには、1面の鏡を珍重するような場面ではなく、多数の鏡を共に扱うような場面こそがふさわしいということです。

華やかな鏡の祭典を‼

さて、三角縁神獣鏡の組成分析に基づく復元実験は1970年代以来、幾度となく繰り返されていますが、その結果、緑青《ろくしょう》に覆われる前の三角縁神獣鏡は金色に輝いていたことが判明しています。その色は見た目の豪華さを示すのにはよいでしょうが、顔を映すものとしての実用性には不向きなように思われます。

つまり、三角縁神獣鏡は最初から顔を映すものとしてではなく何か別の目的（おそらくは葬送儀礼そのもの）のために作られたものと思われるのです。

となれば、三角縁神獣鏡のリアルな描写としては、金色に輝く円盤がずらりと並べられ、その中で（あるいはかたわらで）儀式が進められている、という状況こそがふさわしい。そのような奇観、華やかな鏡の祭典こそ、今後、映像作品としてぜひ取り上げていただきたいところです。

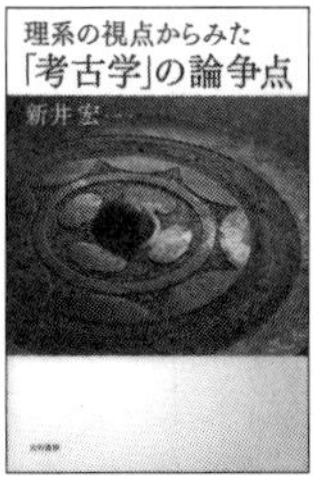

●新井宏『理系の視点からみた「考古学」の論争点』2007　大和書房。

三角縁神獣鏡

日本列島で古墳時代前期の古墳から出土する鏡式の一つ。音読みでの統一感からすれば「さんかくえんしんじゅうきょう」と読むべきであろうが、「縁」と「円」が紛らわしいからか「さんかくぶちしんじゅうきょう」と読まれることも多い。この呼称は明治末期から大正初期頃に学術用語として定着したもので、鏡の断面を見ると縁の部分が三角形に盛り上がっていることと裏面に神人と霊獣と思われる画図が描かれていることとに由来する。

中国の三国・魏《ぎ》で作られた鏡という説も根

強いが、中国での出土例はない（長江流域の遺跡で出土したとのニュースが流れたこともあるが実際には日本でいう「三角縁神獣鏡」とは異なる鏡式だった）。

出土例は鹿児島県から福島県までの日本列島広域に広がっているが、もっとも濃厚なのは兵庫・大阪・京都・奈良の2府2県にまたがる畿内中心部である。

1920年、京都帝国大学考古学研究室の富岡謙蔵が、この鏡式を魏のものとする説を発表。以来、三角縁神獣鏡は、正史『三国志』魏志倭人伝にある、魏朝が卑弥呼に銅鏡百枚を下賜したという記述と結びつけられ、邪馬台国畿内説の最大の傍証とされた。

また、この鏡式には銘文に魏の年号を記したものがあること（「景初3年」1面、「正始元年」3面）、やはり銘文に製作者は洛陽の国営工房出身、原料は中国の銅産地として有名な徐州の産だとうたった例があることなども魏鏡説の証拠とされた。

しかし、中国での出土例がないこと、「銅鏡百枚」と結びつけるにはあまりにも出土例が多すぎること、文様デザインに笠松文など中国鏡にない要素があること、などから国産説も説かれるようになった。

現在の通説的理解では、三角縁神獣鏡の多くは中国鏡（舶載鏡）だが、日本でまねて作ったもの（仿製鏡）もあるというものだが、全面国産説、全面中国産説もあり、さらに舶載鏡について魏の東北辺境（朝鮮半島の一部含む）で作られたとする論者もあっていまや百家争鳴のありさまである。

国産説や辺境作成説の場合、銘文はむしろ洛陽を遠く離れているからこそ、製作者の出自や原料の産地を明記する必要があったものと解釈される。
また、製作時期についても、出土する古墳がいずれも4世紀以降の築造と推定されることから銘文の年号は偽装ではないか、という説もある。

なお、三角縁神獣鏡の材質分析から中国産と断定されたとの新聞報道がいくどかなされたことがあるが、それらの発表がことごとく誤りであったことはすでに新井宏（韓国国立慶尚大学教授）により明確に指摘されている（新井『理系の視点からみた「考古学」の論争点』２００７　大和書房）。

第8章 装飾古墳の啓示

太陽王国の遺産？

装飾古墳、つまり内部に壁画や彫刻などを持つ古墳は全国で約800基あるといわれています。装飾古墳の中でももっとも有名なのは1970年代に古代史ブーム隆盛を引き起こした特別史跡・高松塚古墳でしょう。それについで有名なのは高松塚古墳の「兄弟」にたとえられ、1990年に特別史跡に指定されたキトラ古墳というところでしょうか。

この二基は共に奈良県明日香《あすか》村にある。キトラ古墳の壁画は映画『ガメラ3　邪神〈イリス〉覚醒』（1999）において

●『ガメラ3　邪神〈イリス〉覚醒』1999年3月6日から東宝系劇場公開。監督金子修介、脚本伊藤和典、特技監督樋口真嗣。平成ガメラシリーズの第3作。

印象的な使われ方がされていた。

しかし、実は装飾古墳は畿内には少ないのです。また、時代的には高松塚、キトラとも7世紀末〜8世紀初に築造された終末期古墳です。日本列島で装飾古墳がもっともさかんに作られたのは5世紀後半〜7世紀前半のことですから、この飛鳥《あすか》の二基の古墳は、装飾古墳としてみればピークを過ぎた後の時期のものということになるでしょう。

装飾古墳は主に九州と関東、東北地方南部（福島県）に分布します。特に九州は約500基と、全国の過半数の装飾古墳があるとされています（九州国立博物館作成のウェブサイト「装飾古墳データベース」による）。

デザイン的にも九州の装飾古墳は面白いものが多いのです。たとえば熊本県のチブサン古墳、そこには同心円文や連続菱形文などの幾何学文様とともに、頭に三つの突起をつけた人物とその頭上の6つの円が描かれています。

■**チブサン古墳**　熊本県山鹿市。古墳時代後期、6世紀頃築造とされる前方後円墳。石室正面の同心円文が女性の乳房に見えることから、かつては、乳の出がよくなる、として信仰されたこともある。古墳の名称もそれに由来する。

先に遮光器土偶《しゃこうきどぐう》のところで触れたＵＦＯカルトのＣＢＡは、１９６３年にこの古墳を「古代太陽王国の燦然たる宇宙文明の遺産」に認定し、そのことを明示するアーチと掲示板を石室の前にとりつけました。つまり、古墳の被葬者は宇宙人とコンタクトしていた古代の王で、壁画はその王が空飛ぶ円盤を迎える様を描いたものだというわけです。

山鹿市文化財保護委員会では６４年２月に教育委員会を通じ、このアーチなどを撤去するようにＣＢＡに要請しましたが、ＣＢＡ側ではこれに徹底抗戦の姿勢をとったとされています（「ドキュメントＣＢＡ」『地球ロマン』復刊２号、１９７６）。

ちなみに当時、ＣＢＡの会員の一人に『少年ケニヤ』原作者として有名な山川惣治（１９０８～９２）がいました。山川が１９６７年に発表した絵物語『太陽の子サンナイン』には主人公が誕生した時、天空に９つの太陽（円盤）が現れる場面が

●**山川惣治『少年ケニヤ』**産業経済新聞に１９５１年10月７日～５５年10月４日連載。サンケイ児童文庫『少年ケニヤ』全13巻（１９５３～５５）、サンケイジュニアブックス『少年ケニヤ』全10巻（１９７６）、角川文庫『少年ケニヤ』全20巻（１９８３～８４）。書影は『絵物語名作館　少年ケニヤ』（１９９６　アース出版局）、作品中の用語など原則として原文のまま愛蔵版として発行。

●**山川惣治『サンナイン』**中日新聞に１９６５年１月１日～６６年12月30日連載、連載時はサン・ナインと表記。集英社コンパクト・コミックス『サンナイン』全３巻（１９７８）。「太陽の子サンナイン」「太陽の子サン・ナイン」とも表記。

あったといいます（ウェブサイト「漫棚通信ブログ版」より）。

山川のその作品は未見ですが、その場面がＣＢＡの主張、特にチブサン古墳壁画の解釈にインスパイアされたものであったことは想像に難くありません。

ヒルコたちの饗宴

チブサン古墳はＣＢＡを介して山川にインスピレーションを与えただけではなく、２人の巨匠を古代史の世界に導くきっかけともなったようです。

諸星大二郎が初めて古代史がらみのテーマを扱った最初の作品「黒い探究者」（『妖怪ハンター』第一話）と星野之宣がはじめて日本古代史をテーマにした『ヤマトの火』（さらにそのリライトである『ヤマタイカ』）にもそれぞれチブサン古墳が登場しているのです。

●**三谷薫・中村圭子編『山川惣治』**２００８河出書房新社、生誕百年を記念して出版。

●**諸星大二郎「黒い探究者」**１９７４年37号『週刊少年ジャンプ』に掲載。集英社ジャンプスーパーエース『海竜祭の夜　妖怪ハンター』（１９８８）所収、集英社文庫『妖怪ハンター　地の巻』（２００５）所収、集英社ジャンプレミックス（２００７）所収。書影は集英社文庫版。

『ヤマトの火』では、九州の装飾古墳は「火の民族」の遺産とされています。そして、チブサン古墳の人物像は聖なる冠をかぶったシャーマンの姿を描いたものであり、卑弥呼《ひみこ》もまたその一人だったというのです。

『ヤマタイカ』では、その聖なる冠も超巨大銅鐸などとともに現代に蘇ります。そして、ヒロインはそれをつけることで卑弥呼の再来となるのです。

1984年刊の『ヤマトの火』単行本の表紙カバーはチブサン古墳の人物像の模写です。この古墳の存在が物語全体を支える上でいかに重要な役割を占めていたかがうかがえます。

「黒い探究者」は稗田礼二郎《ひえだれいじろう》の「装飾古墳の研究にまつわる」研究ノートに記された事件とされています。

『妖怪ハンター』全作の主人公ともいうべき稗田礼二郎、そのデビュー作における述懐を引用してみましょう。

●星野之宣『ヤマトの火』→第6章
●星野之宣『ヤマタイカ』→第6章

わたしは稗田礼二郎
古墳についての新説で物議をかもした新進の考古学者だ。
わたしの考えは空想的すぎるのか…？
古墳は王の墓であったとともに古代の祭儀の場所あるいは
悪霊を鎮めた所だ……
だから古墳の石室は単なる墓ではなく
はっきりべつの目的でつくられたはずだ…
ここまではまだよかった
また　装飾古墳の石室の文様をこの悪霊をしずめるための
呪文だと断じても
まちがいではない
だが、この文様を独自の解釈で〝解読〟し…
さらに日本各地に残っている妖怪伝説と結びつけるに到っ
ては……
マスコミの受けを狙っている胡乱《うろん》な学者とみなされてもや

むを得んか……

（「黒い探究者」）

稗田礼二郎といえば異端の考古学者というイメージがありますが、彼を学界の主流から遠ざけたきっかけは装飾古墳の研究だったというわけです。

この述懐はまるまる1ページを割いて行われたものですが、その背景にはチブサン古墳が描かれています。

そして、この稗田礼二郎最初の事件において、稗田はチブサン古墳の人物像とそっくりの壁画がある「比留子古墳」に赴き、そこで三本角の冠とそれにまつわる不思議な事件に出会うのです。比留子古墳はチブサン古墳をモデルとした架空の古墳です。そこが『妖怪ハンター』シリーズの基点となったことは重要でしょう。

また、『ヤマトの火』が宗像教授シリーズの原型になったこと考え合わせれば、このチブサン古墳こそ古代史伝奇劇画を代表する二人のヒーローが誕生した場だといえるかもしれません。

「解読」から新怪獣誕生？

ところで先の述懐において、稗田礼二郎は古墳壁画を「解読」した、と言っていますが、同様の行為を試みた人物は同じ諸星作品の『暗黒神話』にも登場します。

装飾古墳の絵や文様に暗黒神の謎をとく鍵があるとおれはにらんでいる

（『暗黒神話』より、菊池彦の台詞）

この台詞中の「暗黒神」については後に譲るとして、『暗黒

●諸星大二郎『暗黒神話』↓第5章

神話』には、主人公たちがチブサン古墳をはじめとして熊本県・福岡県の装飾古墳を次々と見て回るという場面があります。いずれも実在の古墳ばかりですが、その中に混じって比留子古墳が出てくる、というのはセルフパロディであるとともに、『暗黒神話』の世界観と『妖怪ハンター』の世界観はまったく別のものではない、というメッセージにもなっています。

『暗黒神話』では、他の登場人物についても、遮光器土偶に書かれた「古代絵文字」を読んだり、古墳の石棺の蓋に彫られた「神代《じんだい》文字」を読むといった場面があります。古代の遺跡・遺物に具体的で解読可能なメッセージが刻み込まれている、という発想が随所に見られるわけですが、それでもなお、この作品において、実在のものでそのような役割を担わされているのは装飾古墳くらいでしょう。

ちなみに1977年に出された『暗黒神話』の最初の単行本の表紙カバーイラストには、福岡県にある日の岡古墳の壁画に

■日の岡古墳　福岡県うきは市。古墳時代後期、6世紀頃築造とされる前方後円墳。若宮八幡宮の境内にある。石室内のほぼ全面に多数の同心円文が描かれている。

浮かぶ主要登場人物の顔と、その前に立つ主人公の姿が描かれています。

装飾古墳の壁画、銅鐸の絵画・文様、縄文土器の文様などを絵文字として解読しようという試みは1970年代、大羽弘道、相馬龍夫らによって行われていました。諸星はそれを作品にとりこんだのでしょう。

もっとも、装飾古墳の壁画の解釈といえば、やはり絵文字としてではなく、あくまで絵としてそこに書かれているものを考えるというのが主流なのはいうまでもありません。

もちろん、そのやり方でもCBAのチブサン古墳解釈のような破天荒なものもあるわけですが、ここではもう一つ興味深い例をとりあげてみましょう。

福岡県にある竹原古墳には、空飛ぶ竜馬らしきものと、馬を引く男らしきものが描かれていることで有名です。金関丈夫（1897～1983）は専攻としては解剖学者ながら、人

●絵文字に関する大羽、相馬の主な著作は次の通り。ちなみに『暗黒神話』には参考文献として『古代日本の絵文字』があげられていた。

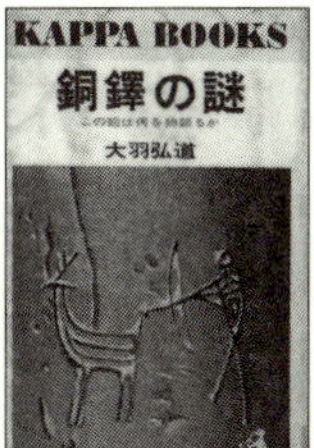

●**大羽弘道『銅鐸の謎　この絵は何を物語るか』**　1974　光文社、絶版。

●**大羽弘道『古代日本の絵文字』**　1975　秋田書店、現在入手不可。書影は初版扉。

●**相馬龍夫『日本古代文字の謎を解く』**　1974　新人物往来社、現在入手不可。

●**相馬龍夫『解読日本古代文字』**　1978　新人物往来社、現在入手不可。

類学・考古学・民族学にまたがる広汎な業績を残した人物ですが、彼はこの壁画について、牝馬を、天から招いた竜とめあわせ、良い馬を生ませるという古代中国の伝説を描いたものと考えました。また、『暗黒神話』では、この竹原古墳の空飛ぶ竜馬が結末への重要な伏線になっています。

ところがこの壁画に描かれたものは馬ではない、と主張した論者がいます。古代史ブームにおけるスターの一人、古田武彦です。

古田はこの壁画は魏志倭人伝と同時代に書かれた名文「海《かい》賦《ふ》」の一情景を描いたものと解釈しました。「海賦」は航海者が出会う驚くべき風景やさまざまな苦難を書き連ねたものですが、その中に、海の真ん中では、海童《かいどう》・馬銜《ばがん》・天呉《てんご》・蝄像《もうぞう》という四種の怪物が現れて船乗りを迷わす、というくだりがあります。

古田は、竹原古墳に描かれているのはこの四種の怪物だとし

■**竹原古墳**　福岡県宮若市。古墳時代後期、6世紀後半の築造とされる円墳。この古墳も若宮八幡宮の境内にある。石室内の絵柄については本文参照。

■**金関丈夫**　香川県出身。京都帝国大学医学部卒。台湾医専大学教授、台北帝国大学教授、九州大学教授、鳥取大学教授、帝塚山学院大学教授を歴任。著書に『木馬と石牛』『発掘から推理する』『日本民族の起源』など。

●**金関丈夫『木馬と石牛　民族学の周辺』**　１９５５　大雅書店、１９７６年に角川選書、１９８２年に法政大学出版局から『木馬と石牛』のタイトル、１９９６年に岩波文庫から『新編木馬と石牛』のタイトルで発行、現在入手不可。

たわけです。つまり、馬を引く男に見えるのは、巨大な童子の姿の海童と四足獣の姿の天呉が並んで現れたもの、従来は「さしば」という日よけを描いたとされていた左右一対のものは、蜃気楼にも似た幻影の怪物・蝄像。そして上空の竜馬こそ馬銜にほかならない、というわけです（古田『邪馬壹国の論理』1975　朝日新聞社）。

この解読は思わぬところに影響を与えたようです。1990年、東宝では1984年版『ゴジラ』、『ゴジラvsビオランテ』（89）に続く怪獣映画として『モスラvsバガン』を企画しました。

バガン……そう、古田が竹原古墳に描かれていると主張した馬銜のことです。企画段階では、バガンは「中国の詩書『文選』に登場する」怪獣とされていたようですが、「海賦」はまさに『文選』の中の一本です（ただし「詩書」というのは正確ではない。その名の通り、収録されているのはいずれも詩では

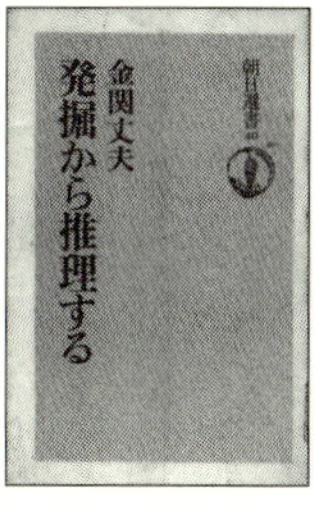

●**金関丈夫『発掘から推理する』**1975　朝日選書、1982年に法政大学出版局から『考古と古代　発掘から推理する』のタイトルで、現在は岩波現代文庫『発掘から推理する』（2006）で入手可能。

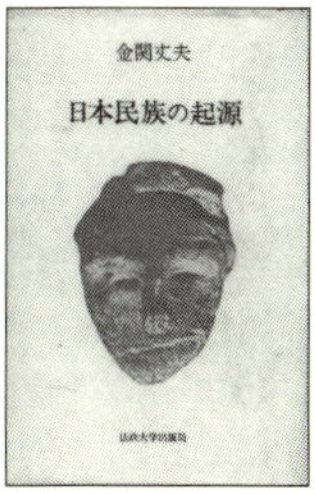

●**金関丈夫『日本民族の起源』**1976　法政大学出版局、現在入手不可。

なく文）。

公表されたあらすじによると、太古、モスラによりヒマラヤの氷雪に閉じこめられたバガンが地球の温暖化により蘇り、人類を守ろうとするモスラと闘う。その争いにさらにゴジラが加わり、さまざまな伏線を残したまま物語は次作『ゴジラ３』に続く……という予定だったのですが、結局、次作は『ゴジラvsキングギドラ』に決まったため、この企画は没になりました。

こうしてバガンはスクリーンにこそ現れることはなかったのですが、そのデザインは１９９３年発売のゲーム『超ゴジラ』（スーパーファミコン版）に「魔獣バガン」として登場することで日の目を見ました。

東宝怪獣のバガンが古田の竹原古墳壁画解釈の影響を受けていることを示す特徴、それは頭部からまっすぐ前に伸びた異様に長い角です。

●古田武彦『邪馬壹国の論理　古代に真実を求めて』１９７５年　朝日新聞社、現在入手不可。

●『ゴジラ』１９８４年12月15日から東宝系劇場公開。監督橋本幸治、脚本永原秀一、特技監督中野昭慶。『メカゴジラの逆襲』以来9年ぶりに制作されたシリーズ第16作。第1作をふまえてゴジラ以外の怪獣は登場せず、ゴジラは恐怖の対象として描かれた。リメイクではなく第1作の30年後と設定されている。

竹原古墳の「竜馬」には頭の位置に何かまっすぐで長い物があります。それについて古田は次のように述べました。

「この突起物は何か。もうお判りと思う。これは、この怪獣の角である。ここにいるのは、まぎれもない一角獣なのである。……これが〝馬銜〟だ」（『邪馬壹国の論理』）。

すなわち、古田が竹原古墳壁画から読み取った馬銜の特徴には、長い角があるわけです。『超ゴジラ』に登場したバガンはその特徴を見事に踏襲しているといえるでしょう。

ちなみにバガンのデザインは平成ゴジラシリーズで、かつての名怪獣たちに斬新なリメイクを施した吉田穣その人。完全なオリジナル怪獣ともいうべきバガンは、その怪獣デザインの陰に、古代史本にまで目を配りながらの熱心な研究があることをうかがわせるものです。

●**『ゴジラvsビオランテ』**１９８９年12月16日東宝系劇場公開。監督大森一樹、原案小林晋一郎、特技監督川北紘一。シリーズ第17作。書影は小林たつよし『ゴジラVSビオランテ』（１９９０　小学館てんとう虫コミックス）。

●**『ゴジラvsキングギドラ』**１９９１年12月14日東宝系劇場公開。脚本監督大森一樹、特技監督川北紘一。シリーズ第18作。

●**原田実『トンデモ偽史の世界』**→第12章

海賦

「賦」とは事物を列挙した韻文。つまり「海賦」とは海に関する事物を列挙した文といった意味になる。3世紀、西晋の文人・木華によって著された後、6世紀に南朝・梁の昭明太子が編んだ名文集『文選』に収められた。古田武彦は木華が『三国志』の著者・陳寿とほぼ同時代人であることに着目し、『文選』は倭人が太平洋を越えて南米大陸に渡った記録だと主張。この倭人南米渡航説はマスコミからも注目され、テレビ東京で特番が組まれたこともある。古田の「海賦」解釈に関する私見については楽工社刊『トンデモ偽史の世界』（2008）参照。

第9章 スサノオの変容

愛すべきトリックスター?

スサノオは記紀神話における三貴神の一柱です。『古事記』によると、イザナギは三貴神のアマテラスには高天原《たかまがはら》を、ツクヨミには夜の食国（夜の世界）を、スサノオには海原をそれぞれ治めるよう命じました。上の二人が務めを果たしているのに対し、スサノオは鬚《ひげ》が長く伸びる年ごろになっても、母（イザナミ?）の国に行きたいと山や野の草木も枯れ果てる勢いで泣きわめくばかりでした。

スサノオは地を震わせながら姉アマテラスに会いに行きます

が、アマテラスは弟が高天原を奪いに来たものと疑い、武装して迎えます。

スサノオは自らの潔白を晴らしますが、その後で浮かれて様々ないたずらを行い、ついにはアマテラスの織屋にアメノフチコマの皮を剥《は》いで投げ込み、死者を出してしまいます。それはアマテラスの天岩戸隠れとスサノオの追放という大事に発展するのでした。

スサノオは、その後、ヤマタノオロチ退治の冒険を行い、姉アマテラスと改めて和解しますが、晩年になっても、娘婿であるオオナムチに嫉妬のあまり無理難題を命じるなど子供っぽいところが抜けなかったようです。

父（イザナギ）への反抗と母への思慕というのは、フロイト心理学でいうところのエディプス・コンプレックスを連想させますが、スサノオはその反抗を徹底させることはなく、姉（母の似姿）との和解という形でその葛藤を解消します。そして、

●**長部日出雄『神話世界の太宰治』**１９８２平凡社。

●**阿刀田高『阿刀田高の楽しい古事記』**２０００角川書店、２００３年に角川文庫。

西欧的な意味での成熟とは無縁なままで神話の舞台から退場していく。

いままで、長部日出雄・阿刀田高・老松克博・室井庸一・武本ティモシーなど、多くの作家や心理学者・宗教学者が日本人の心理を説明するためのものとして、「スサノオ・コンプレックス」という言葉を使っています。もっとも、同じ言葉といっても、用いる人によってその意味は違うようで、それは思いついた人がスサノオ神話のどの説話に着目したか、によって変わります。言うなればスサノオ神話の方がそれらの論者の無意識を示すロールシャッハ・テストのような役割を果たしているともいえるでしょう。それらの論者は、皆、「スサノオ・コンプレックス」を自分の造語とみなしており、同じ用語の先行例があるかさえ気にしていないようなのです。それだけ、この言葉が思いつきやすい性格のものだということなのでしょう。

また、「スサノオ・コンプレックス」の乱立は、スサノオは

●老松克博『スサノオ神話でよむ日本人　臨床神話学のこころみ』１９９９　講談社選書メチエ、現在入手不可。

●室井庸一「スサノオ伝説と『ユダヤ』」１９８９年９月『歴史読本臨時増刊　よみがえる神道の謎』に掲載。

●武本ティモシー「古事記の構造と甘えに関する考察ー日本人のスサノヲ・コンプレックス」１９９６年３月『西日本宗教学会雑誌』第18号に掲載。

日本人にとってそれだけ共感しやすいキャラクターだということを示しているとも言えるでしょう。芥川龍之介（1892～1927）は1920年に『素戔嗚尊』『老いたる素戔嗚尊』の連作を発表し、スサノオの、神様離れした人間臭さを前面に押し出しました。

スサノオを扱った映像作品でも、1960年代までは、その人間臭さを生かしたものが主流だったようです。たとえば、映画『日本誕生』の劇中劇として描かれたヤマタノオロチ退治の場面。あるいは大塚康生が原画に参加していたことで有名な劇場版アニメ『わんぱく王子の大蛇《おろち》退治』（1963）などです。

『わんぱく王子の大蛇退治』では、スサノオは徹頭徹尾、少年の姿で描かれます。これはこのアニメが子供向け作品だからですが、それが不自然に感じられないのは、スサノオというキャラクターに永遠の幼児性ともいうべき要素があるからこそでした。

●芥川龍之介『素戔嗚尊』1920。
●芥川龍之介『老いたる素戔嗚尊』1920。
●『芥川龍之介全集』第3巻（ちくま文庫）に所収。
●『日本誕生』1959年10月25日公開の特撮映画。東宝映画1000本目の記念作品。上映時間180分。監督稲垣浩、特撮監督円谷英二、音楽伊福部昭、出演三船敏郎、原節子、香川京子。
●『わんぱく王子の大蛇退治』1963年公開の東映動画制作劇場用アニメ。上映時間86分。カラーワイド版。監督芹川有吾、音楽伊福部昭。

手塚治虫『火の鳥・黎明《れいめい》編』（1967〜68）にもスサノオは登場します。この作品はもともと、1954年に発表した未完の作品のリライトで、邪馬台国を舞台に記紀の高天原神話を人間のドラマとして解釈しなおしたものでした。したがってそこに登場するスサノオも地上の人間にほかなりません。

　神話におけるスサノオには愛すべきトリックスターとでもいった側面があります。かつては、フィクションの中のスサノオといえばその面を強調するのが普通でした。

「人間性」を遠く離れて

　しかし、神話をよく読んでみると、スサノオには親しみやすさとは別の側面があることがわかります。泣き続けるだけで地上に荒廃をもたらし、動けば地震を引き起こし、ついには世界を暗黒に包む宇宙的規模の災厄（アマテラスの天岩戸隠れ）ま

●手塚治虫『火の鳥・黎明編』↓第1章

で招いてしまう……スサノオが示すもう一つの側面、それは圧倒的な力の暴走です。その猛威の前には、ちっぽけな人間の思惑など消し飛んでしまうでしょう。

●諸星大二郎『暗黒神話』

↓第5章

　1970年代半ば、フィクションの中のスサノオのイメージに一つの転機を与えた作品が登場します。諸星大二郎『暗黒神話』(1976)です。

> 神話に　だまされては　いかん!
> 神とは　古代では　ありがたいものではなかったのじゃ!
> たたりをなし　破壊と死をもたらす　恐ろしいものじゃった!
>
> (『暗黒神話』より竹内老人の台詞)

　この一言は、この作品における神と人の関係を端的に現したものです。そして、その恐るべき神々の頂点にたつものこそ、暗黒神スサノオなのです。

二千年以上昔—○○○○は　地球の　すぐそばにいたのだ
どのようなことがおこるか　わかるか？
太陽をさえぎり……いや　太陽そのものが　すっぽり暗黒物質に　のみこまれ
さらに接近した時には　月までが　おおわれ……
その巨大な質量の引力は自然のバランスをくずし大津波をおこし
暗黒と寒さの中で大暴風雨が　なん日も　あれ狂った
それは　古代　なん度か　周期的に　地球に接近し
そのつど　ありとあらゆる　災害を　ひきおこし
多くの人や動物が　死んだ
（『暗黒神話』より。○○○○の個所には天体の名が入る）

●**永井豪&ダイナミックプロ『凄ノ王』**　1979年7月『週刊少年マガジン』に連載開始、翌年第4回講談社漫画賞受賞、81年4月連載終了。『凄ノ王伝説』の名で85～86年に角川書店映画情報誌『バラエティ』に連載、89年『コミックコンプ』『野性時代』に連載。角川書店ヤマト・コミック・スペシャル『凄ノ王伝説』全7巻（1985～90）、講談社KCフェニックス『凄ノ王』全6巻（1996）、講談社漫画文庫『凄ノ王　超完全完結版』全6巻（2000～01）、現在入手不可。書影は講談社文庫版。

この作品では、スサノオの正体はある有名な天体で、それがもたらす天変地異により、縄文時代の大量死や邪馬台国の滅亡などが起きた、とされています。

実際には、その天体が本当に太陽の近くにあったとしても、先の引用にあるような災厄は起きませんし、作中で語られる年代や事件の成り行きなどにも矛盾はあります。

しかし、そうした矛盾に気づかせないまま一気に読ませる力技こそ、諸星作品の本領ともいうべきところでしょう。

スサノオから人間味を捨象し、巨大で破壊的な力のみに注目する……この観点をひきつぐことで、その後の作品におけるスサノオ描写は新しい可能性を開くことになりました。

たとえば、永井豪の劇画『凄《すさ》ノ王』（1979〜81）では、主人公の肉体を借りて目覚めたスサノオは当初、巨大な怪物として暴れまわり、やがて破壊的なエネルギーの奔流となって宇

●**永井泰宇著　永井豪原作『凄ノ王伝説』**全12巻　1982〜87　カドカワノベルス、角川文庫全12巻（1988〜90）、現在入手不可。

●**『ヤマトタケル』**1994年7月公開の東宝映画、監督大河原孝夫、脚本三村渉、特技監督川北紘一、出演高嶋政宏、沢口靖子、阿部寛、目黒祐樹。

●**テレビアニメ『ヤマトタケル』**1994年4月9日〜12月24日、TBS系で毎週土曜日17時30分〜18時に全37話放送。SFロボットアニメ。監督井内秀治。舞台は25世紀、新天地を求める恒星間移民船が惑星イズモに到着する。

宙的規模の災厄をもたらそうとします（初出連載はこの時点で終了、その後の物語は永井泰宇のノベライズ『凄ノ王伝説』や単行本増補版などに受け継がれることになる）。

『日本誕生』と同じ東宝作品でそのリメイク的性格を持つ『ヤマトタケル』（大河原孝夫監督、１９９４）では、人格としてのスサノオ（演・目黒祐樹）が登場し、ヤマトタケルに使命とそれを果たすための力を授けます。

ところが、この映画公開と並行してメディアミックスとして放送されたテレビアニメ『ヤマトタケル』では、スサノオはヤマトタケルが搭乗する魔空戦神（巨大ロボット）の名前とされています。しかも、物語が進むとともに、スサノオはヤマトタケルと出会う前にはいくつもの惑星を破壊した過去を持っていたということが明らかになっていくのです。

巨大ロボットとしてのスサノオは最近の作品ではテレビアニメ『機神大戦ギガンティック・フォーミュラ』（２００７）に

●**『機神大戦ギガンティック・フォーミュラ』** ２００７年３月５日～９月26日、テレビ東京系で毎週水曜日25時50分～26時20分に全26話放送。ＳＦロボットアニメ。原案きむらひでふみ、監督後藤圭二。舞台は西暦２０３５年、「赤道の冬」と呼ばれる異常気象により、謎の電磁雲に地球全体が覆われている。

●**『マブラヴ オルタネイティヴ』** アージュ製作、２００６年発売の18禁アドベンチャーゲーム（全年齢版もあり）。発売元の主張ではそのジャンルは「あいとゆうきのおとぎばなし」。『マブラヴ』をはじめとする同社製作のゲームの登場人物が、地球外起源種ＢＥＴＡの侵略にさらされ続ける並行世界に投げ込まれ、人型兵器「戦術機」を駆使する戦闘に駆り出されていく。恋愛シュミレーションとしては異例の世界観・ストーリー重

も登場します。

この作品は、武力衝突による戦争が回避され、国家を代表するギガンティック（巨大ロボット）の格闘で覇権が争われるよ

視の内容や、グロテスクな侵略・戦闘描写で話題となった。

オーパーツ

Out Of Place Artifacts（場違いな工芸品）の略。製作されたとされる年代や地域では不可能なはずの技術が用いられた遺物のこと。アメリカの動物学者・超常現象研究家アイヴァン・テランス・サンダーソン（1911～73）の造語。中米マヤの水晶ドクロやバグダッド出土の古代電池などが有名。しかし現在、オーパーツとして知られるものは解釈の誤りや古代技術の過小評価から時代錯誤とみなされたもの（たとえばコロンビアの黄金ジェット機模型。実際には魚を模したもの）、誤解・誤報の定着（古代中国のアルミニウム合金製バックル。実際にはアルミは含まれていない）、最初からの捏造（縄文時代と同程度の技術力が認められる五十万年前の日本の遺跡）などばかりで、オーバーテクノロジーの産物と断言できるものは一例もない。

うになった近未来の世界が舞台です。

スサノオは日本が所有するギガンティックであり、この作品の主人公が搭乗する機体でもあります（他の国のギガンティックも古代神話の神々にちなんだ名を持っています。ただし、必ずしも所有国の神話によるものとは限りません）。

だが、ギガンティックはオーパーツから見出された技術で建造されたもので必ずしも人類に制御できるとは限らない。さらにスサノオには物語終盤まで明かされないある秘密があるのです……。

この作品におけるスサノオは戦闘中に搭乗者を死に追いやったり、テストで不適応だった搭乗者候補を廃人に追いやる代物です。さらにその中には世界を破滅に追いやるだけの潜在的な力があるのです（ただし、これらの点について物語終盤でどんでん返しが準備されてはいるのですが）。

ゲーム『マブラヴオルターネイティヴ』（2006）には、

●**士郎正宗『仙術超攻殻ORION』**1990年『コミックガイア』に連載、1991年に青心社コミックボーン、現在入手不可。

●**士郎正宗『攻殻機動隊』**→第3章

●**出口竜正『命―紅の守護神』**1994年から『少年マガジンスペシャル』に連載、1995～97年に講談社少年マガジンコミックス全5巻、現在入手不可。

要塞機能を持つ巨大人型兵器・凄乃皇弐型《すさのおにがた》と、機動性が高い人型兵器・凄乃皇四型《すさのおよんがた》が登場します。

もっともこの作品には歩行兵器・武御雷《たけみかづち》や水陸両用兵器・海神など日本神話の神名にちなんだ名を持つ兵器が他にも登場するので、この「すさのお」の名も単に武神という意味で用いられたのかも知れません。この作品は学園モノのアダルトゲーム（ただし全年齢版もあり）『マブラヴ』のパラレルワールド・ストーリーとして作られた宇宙戦争モノのゲームです。

暗黒神としてのスサノオを描いた作品で最大の怪作は士郎正宗の『仙術超攻殻ＯＲＩＯＮ』でしょう。これは仙術の一種である竜法と、科学ならぬ「仮学」が共に世界を動かす原理としてなりたつ異世界を舞台に、国家最高機密の「法程式」から召喚された暗黒神スサノオの大暴れを描いた作品です。

スサノオは破壊的エネルギーそのものでありながら、式に縛られるかのように少年の姿をとり、惑星的規模の破壊を行える

●美内すずえ『アマテラス』１９８６年９月号『月刊ＡＳＵＫＡ』に掲載開始、１９８７～２００１年に角川書店あすかコミックス全４巻、現在入手不可。

●美内すずえ『アマテラス倭姫幻想まほろば編』１９９３年秋の号～９４年新春号『増刊ＡＳＵＫＡ　ファンタジーデラックス』に掲載、１９９４年に角川書店あすかコミックス、現在入手不可。

力がありながら、ヒロインの美少女にどつかれて悶絶するというかなりカオスなキャラクターです。おそらくそのモデルは『西遊記』において天上を騒がせていたころの孫悟空でしょう（この作品にはスサノオと悟空が争う場面もあります）。

日本神話、中国神話、クトゥルー神話から『暗黒神話』へのオマージュまでとりこんだ情報集約型のストーリーながら、動きのある絵と魅力的なキャラクター造形で一気に読ませる、ある意味、同時期に描かれた『攻殻機動隊』と対になる作品といえるでしょう（さらにその両者を止揚したものが『攻殻機動隊2』になっているともいえる）。

その他にも、破壊神としてのスサノオは出口竜正のコミック『命《みこと》―紅の守護神《まもりがみ》』（1995～96）など多くの作品に登場します。

もちろん、『暗黒神話』以降の作品でも、スサノオを人間味あるキャラクターとして描いた例はあります。美内すずえ『ア

■ムー大陸　太平洋上にあり、一万二千年前に海底に没したとされる古代大陸。人類文明の発祥地だったという。実際にはアメリカの自称退役軍人ジェームス・チャーチワードが著書『失われた大陸ムー』（1931）において創作したもの。日本ではチャーチワードの説がほぼリアルタイムで紹介され、さらに戦後は小泉源太郎がチャーチワードの著書を編集・抄訳した『失われたムー大陸』（1968）がベストセラーとなることで、ムー大陸は多くのSF小説・コミック・アニメ・特撮作品に登場することになった。

マテラス』（１９８６～）とその番外編である『アマテラス倭《やまと》姫《ひめ》幻想まほろば編』（１９９５）に登場するスサノオは主人公の前世（アマテラス）の恋人であり、いつかふたたび結ばれるべき相手です（ただし、今のところはスサノオが目覚めたかもわからないままに物語が中断しています）。ちなみにこの作品では、主人公たちの前世の居場所、すなわち高天原神話の真の舞台はムー大陸だったと設定されています。

新たな神話の創造

荻野真のコミック『孔雀王退魔聖伝《くじゃくおうたいませいでん》』（１９９０～９２）『孔雀王曲神記《まがりがみき》』（２００６～）は、日本神話の構図をあえて逆転させるような試みを行っています。アマテラス、ツキヨミなど神話で善神とされる側を悪役に置くことでスサノオの方こそ善であり、最終的には悪神の支配をくつがえす者として位置づけ

●**ジェームス・チャーチワード『失われたムー大陸』**（小泉源太郎訳）１９６８　大陸書房、１９７７年に『ムー大陸　太平洋の失われた大陸』のタイトルでムーブックス（大陸書房）、１９８６年に大陸書房から『失われたムー大陸』改装版、１９９１年に『失われたムー大陸　消えた謎の古代都市』のタイトルで大陸文庫、１９９５年に『失われたムー大陸　ムー文明の全貌と水没の謎に迫る‼』のタイトルでたまの新書（たま出版）、１９９７年に『失われたムー大陸　第一文書』のタイトルでボーダーランド文庫（角川春樹事務所）、現在入手不可。

るのです。この両作品では、スサノオは主人公・孔雀の前世ともされています。

ただし、このシリーズは密教僧である孔雀が、仏教に対する神道の優位を認めなければ話が進まなくなるという難があり、作者としても、今は試行錯誤の真っただ中といったところでしょうか。

なお、荻野は『退魔聖伝』連載終了直後、神社の宮司を主人公にして、昭和史と日本神話の世界をリンクさせた『夜叉鴉《やしゃがらす》』という作品を描いています。あるいは、それは孔雀王シリーズに生じた矛盾との格闘から生まれた作品なのかも知れません。

スサノオ神話の現代的変容として、今、もっとも注目すべきは村枝賢一の劇画『仮面ライダー　ＳＰＩＲＩＴＳ』（２００１〜）でしょう。

この作品は、村枝氏が幻のライダーといわれる「仮面ライダーＺＸ」のコミカライズを志したことが発端となり、１号か

●荻野真『孔雀王退魔聖伝』１９９０〜９２年『週刊ヤングジャンプ』に連載、集英社ヤングジャンプコミックス全11巻（１９９１〜９３）、集英社コミック文庫全7巻（１９９９〜２０００）、書影は集英社文庫版。

●荻野真『孔雀王曲神記』２００６年3月〜『週刊ヤングジャンプ』に連載、現在集英社ヤングジャンプコミックスで6巻まで。

らZXまでの10人ライダー全員についてその「語られざる物語」を補完する企画へと発展したものです。

ZXの唯一のテレビ出演となったスペシャル番組『10号誕生！　仮面ライダー全員集合‼』（1984年1月3日放送）では、ZXを改造し、後に戦うことになるバダン帝国の総統は過去のライダーたちが戦った他のすべての組織（ショッカー・ゲルショッカー・デストロン・ゴッド・ゲドン・ガランダー・ブラックサタン・デルザー軍団・ネオショッカー・ドグマ・ジンドグマ）の首領と同一であることを暗示する演出がなされていました（シナリオでは同一と明記されている）。

『仮面ライダー　SPIRITS』でもそれを受けて、バダンの大首領JUDOこそ過去のすべての悪の存在を率いたことになっています。

この作品では、JUDOの言葉はヲシデによって表記されています。私は当初、これは神代《じんだい》文字をギミックとして取り入れ

●荻野真『夜叉鴉』1993年〜『週刊ヤングジャンプ』に連載、ヤングジャンプコミックス全10巻（1994〜97）、集英社コミック文庫全6巻（2004）、書影は集英社文庫版。

●石ノ森章太郎原作・村枝賢一漫画『仮面ライダー　SPIRITS』2001年1月〜『月刊マガジンZ』に連載、現在マガジンZコミックスで14巻まで。

たものにすぎないと思っていました。

ところが物語が進み、ＪＵＤＯの正体が次第に明らかになるとともにヲシデ使用も伏線だったことに気づき、私は自らの不明を恥じました。

現在までの展開で、ＪＵＤＯとは日本神話にスサノオとして伝わるものと同一存在だった、ということが明らかにされています。

つまり、ショッカーからバダンに至るすべての組織を率いたのはスサノオにほかならなかった、というわけです。ＪＵＤＯにとって改造人間を作るのは単に世界征服の手段ではありません。それは姉アマテラスと自分自身の新しい肉体を作るための実験でもありました。そして皮肉なことに、彼がその製作に関与した改造人間でもっともすぐれた実験体こそ仮面ライダー・シリーズだった、……。

「仮面ライダーＺＸ」には姉と弟の物語という要素が取り入

●「仮面ライダーＺＸ」１９８２～８４年にかけて主に雑誌媒体で活躍した仮面ライダー（ただし雑誌での登場は８３年９月をもっていちおう終っている）。雑誌グラビアで村雨良として登場した菅田俊はテレビ特番においても同役を演じた（菅田はこれが映像作品における主役デビューとなった）。

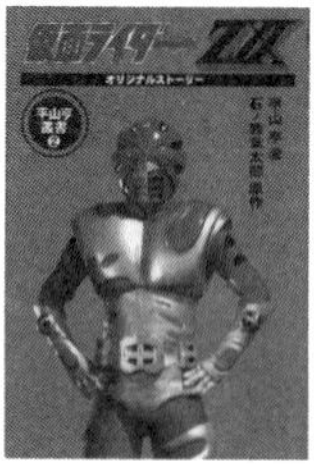

●石ノ森章太郎原作・平山亨著『仮面ライダーＺＸ　オリジナルストーリー』１９９８風塵社、現在入手不可。

●仮面ライダーTVシリーズ（10号まで）『仮面ライダー』１９７１年４月３日～７３年２月10日、全98話放送。『仮面ライダーＶ３』１９７３年２月17日～７４年２月９日、全52話放送。『仮面ライダーＸ』１９７４年２月16日～10月12日、全35話放送。

ヲシデ

古史古伝『秀真伝《ほつまつたえ》』『三笠文《みかさふみ》』などに用いられる神代文字の一種。ホツマ文字ともいう。前記の書物は紀元1～2世紀頃の景行朝の成立に仮託されているが、実際には江戸時代の成立であり、ヲシデもまた近世に偽作された古代文字である。しかし80年代の一時期、マスコミが『秀真伝』を記紀以前の書などともてはやしたことがあり、今もそれらの書（およびヲシデ）を古代日本のものと信じる人は後を絶たない。くわしくは拙著『「古史古伝」異端の神々』『図説神代文字入門』参照。

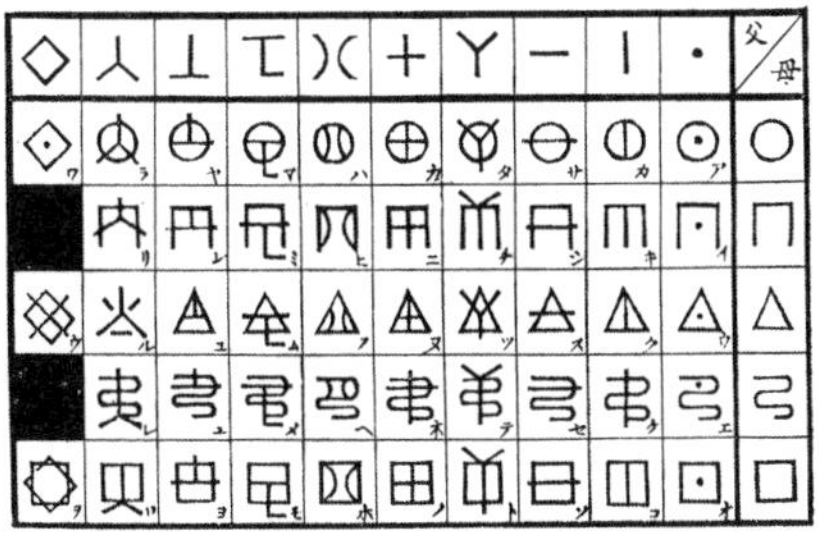

れられていました。ＺＸに改造された村雨良には、村雨しずかという姉がいたが、彼女はバダンに殺されました。良は幹部怪人候補として改造・洗脳されたが、やがて記憶を取り戻し、復讐を誓います。

ＺＸの戦いは当初、姉の仇討ちであり、また姉の仇に仕えていたことへの贖罪でもありました（仮面ライダーとしての使命「人間の自由のために戦う」ことに目覚めるのは物語終盤になってから）。

村枝氏はそこに注目し、日本最古の姉と弟の物語である高天原神話に、ＺＸのストーリーを重ね合わせていったようです。

言うなれば、『仮面ライダー　ＳＰＩＲＩＴＳ』の登場により、１９７１年放送開始の『仮面ライダー』から１９８１年に終わった『仮面ライダー・スーパー１』まで、70年代から80年代前半の『仮面ライダー』シリーズは日本神話の文脈に組み込まれた形になりました。日本神話と特撮の双方のファンとし

『仮面ライダー　アマゾン』１９７４年10月19日～７５年３月29日、全24話放送。

『仮面ライダー　ストロンガー』１９７５年４月５日～12月27日、全39話放送。

『全員集合！　７人の仮面ライダー‼』１９７６年１月３日放送。『ストロンガー』最終話の後日談。

『仮面ライダー　スカイライダー』１９７９年10月５日～８０年10月10日、全54話放送。

『不滅の仮面ライダースペシャル』１９７９年９月８日放送。

『仮面ライダー　スーパー１』１９８０年10月17日～８１年10月３日、全48話放送。

『10号誕生！　仮面ライダー全員集合‼』１９８４年１月３日放送。

て、この作品の展開には今後とも目が離せません。

●原田実『「古史古伝」異端の神々』→第5章

●原田実『読める書ける使える　図説神代文字入門』2007　ビイング・ネット・プレス。

第10章 英雄ヤマトタケル

ヤマトタケルとスサノオ

　ヤマトタケルは第十二代・景行天皇の王子です。『古事記』によると、彼は幼名をオウス（小碓命）といいました。ある朝、オウスはオオウスを起こしに行くように命じられますが、一人で帰ってきます。オオウスはどうした、という天皇に、オウスは「手足を引きちぎり、菰《こも》に入れて捨ててきた」とこともないようにいいはなつのでした。

　天皇は、オウスに九州のクマソを退治するように命じ、九州に追いやります。オウスはクマソの首長・クマソタケルに女装して近づき瓜を割くように斬り殺します。クマソタケルはその死に際、オウスにヤマトタケルの名を献じました。

ヤマトタケルはクマソを討った後も出雲《いずも》や東国《とうごく》での戦いを命じられ、「父は我に死ねというのか」と嘆きます。しかし、彼はその使命を果たし、大和《やまと》への帰路の途中、故郷を目前にしてこの世を去ります。死後、その墓からは一話の白鳥が飛び立ち、ヤマトタケルの家族はその白鳥の後を追いかけて走り続けたのでした……。

向かうところ敵なしの強さと、父の仕打ちを嘆く心の脆《もろ》さを併せ持つヤマトタケルに、多くの近代以降の日本人は共感を寄せてきました。帝国主義がまかりとおる世界で列強と覇をきそう道を選んだ近代日本では、男たちはみな心の脆さを押し隠して荒ぶることを求められていたからでしょう。

実は『日本書紀』においては、ヤマトタケルは新たな使命を授けられるごとに勇んでそれに立ち向かい、不平や愚痴をこぼすことはありません。しかし、近代以降の日本人が愛したのはその『日本書記』のヤマトタケルではなく、あくまで『古事記』のヤマトタケルだったのです。

さて、スサノオの項目を読んで気づかれた方も多いでしょうが、ヤマトタケル（もしくはその再来）を主人公とした作品にはスサノオが主人公と重要な関わりを持つことが多いようです。そもそも戦後におけるヤマトタケルものの原点ともいうべき映画『日本誕生』でも、三船敏郎演じるヤマトタケルは、スサノオのヤマタノオロチ退治の昔語りを聞いて、自らの使命に目覚めます。また、スサノオの描写に転機をもたらした『暗黒神話』においては、かつてスサノオの荒れ狂う力を制御できたのはヤマトタケルのみで、さらに主人公もヤマトの再来としてスサノオの力を否応なしに振るわなければならない立場に追い込まれます。

ヤマトタケルは東国に下る際、伊勢で斎宮を務める叔母のヤ

●『日本誕生』→第9章
●諸星大二郎『暗黒神話』→第5章

マトヒメに会い、天叢雲剣《あめのむらくものつるぎ》を授かります。ヤマトタケルは東国で野に火を放たれた時、この剣で草を薙ぎ払って難を逃れ、さらに敵を撃ち果たすことができました。

以来、この剣は草薙剣《くさなぎのつるぎ》と呼ばれることになります。この剣はもともとスサノオがヤマタノオロチを退治した時にその尾から現われたもので、スサノオからアマテラスに献上され、皇室の三種の神宝の一つになったものです。

つまり、神話上、草薙剣はスサノオの功業によってもたらされ、ヤマトタケルに委ねられた形になるわけです。この剣はスサノオとヤマトタケルの接点と言えるでしょう。

また、肉親（スサノオの場合は姉アマテラス、ヤマトタケルの場合は父・景行天皇）のために追放されながら、その先で強敵を倒し、安寧をもたらすという点でも両者は似ています。神話学者の大林太良や吉田敦彦は、スサノオとヤマトタケルの説話は共にユーラシア大陸に共通のパターンとして広がる「剣の英雄」タイプの神話から派生したものだとみなしています（大林・吉田『剣の神・剣の英雄』法政大学出版局、1981、他）。

さらに言えば、「判官びいき」という言葉があるくらい、日本人の間で源義経の人気があるのも、その生涯がスサノオ、ヤマトタケルの神話のパターンをあたかもなぞるようになっているからかも知れません。

フィクションの世界においてスサノオとヤマトタケルがよく結びつけられるのも、こうした接点・共通点があるためでしょう。

映像・コミックの中のヤマトタケル

小説の世界では、豊田有恒が1970〜80年代、「ヤマトタケル」シリーズの連作を発表しています（『火の国のヤマト

●**大林太良・吉田敦彦『剣の神・剣の英雄 タケミカヅチ神話の比較研究』**1981 法政大学出版局、現在入手不可。

●**豊田有恒『火の国のヤマトタケル』**1971 ハヤカワSF文庫、1981年に祥伝社ノン・ノベル、現在入手不可。書影はノン・ノベル。

タケル』『出雲のヤマトタケル』『神風のヤマトタケル』『英雄ヤマトタケル』『天翔るヤマトタケル』『巨神国のヤマトタケル』)。

これは倭国の王子ヤマトタケルと、邪馬台国滅亡後はこの国土に住むすべてのものに仇なす悪霊となった女王ヒミコとの戦いを描いたヒロイック・ファンタジーです。SFとファンタジーのどちらにも通じる世界観と軽快な展開は、現代のライトノベルに通じるものといえるでしょう。

映像作品でのヤマトタケルといえば、まず思い起こされるのはスサノオの項で触れた『日本誕生』『ヤマトタケル』という2本の東宝特撮映画でしょう。

コミックの世界に目を転じれば、まず注目されるのは手塚治虫『火の鳥・ヤマト編』(1968〜69)です。この作品において主人公のオグナ(ヤマトタケル)が戦わなければならないのは、ヤマトに敵対する部族ではなく、むしろ自分の父たる

●**豊田有恒『出雲のヤマトタケル』**1974　ハヤカワ文庫、1981年に祥伝社ノン・ノベル、現在入手不可。書影はノン・ノベル。

●**豊田有恒『神風のヤマトタケル』**1981　祥伝社ノン・ノベル、現在入手不可。

王に代表されるヤマトの権力の愚行です。

　また、彼がクマソの首長タケルに寄せる感情も、記紀とちがって敬意と友情に満ちたものです。しかし、ヤマトの民を救う機会を得るために、彼はそのクマソのタケルを手にかけなければならない。そして、ヤマトに帰った彼を待っていたのは、過酷な最期だった……最後に墓から飛び立つ「白鳥」の解釈はまさにこの作品世界ならではのものです。

　なお、この作品の結末でヤマトの王が造ろうとしていた古墳は石舞台古墳《いしぶたい》（奈良県明日香村）であることが示唆されていますが、これは時代的に難があります。

　石舞台古墳は古墳時代後期、7世紀初頭頃の築造と推定されています。被葬者については蘇我馬子《そがのうまこ》という説が有力です。

　一方、ヤマトタケルの時代については『日本書紀』では1～2世紀頃と伝えています（ただしこれでは弥生時代のことになってしまうのであまり信用はできません）。

●豊田有恒『**英雄ヤマトタケル**』１９８４　祥伝社ノン・ノベル、現在入手不可。

●豊田有恒『**天翔るヤマトタケル**』１９８６　祥伝社ノン・ノベル、現在入手不可。

●豊田有恒『**巨神国のヤマトタケル**』１９８８　祥伝社ノン・ノベル、現在入手不可。

また、ヤマトタケルのモデルとして5世紀の武《ぶ》王（倭の五王の一人）を当てる説もあります（中山千夏など）。これは興味深い説ですが、記紀の系譜に関する伝承とどのように整合性をもたせるかが難しいところです。

何にしても、石舞台古墳のように新しい時代の墳墓が、ヤマトタケル（の伝承上のモデル）と同時代ということはまずないでしょう。また、『火の鳥・ヤマト編』では、その墓は封土をかける前に築造が中止されたとされていますが、石舞台古墳の石室がむき出しになっているのはいったんかけられた封土がはがされたためです（もちろん、このことは『火の鳥・ヤマト編』の作品としての良さを損ねるものではありません）。

『火の鳥・ヤマト編』には一つ、きわめて魅力的なギミックが登場します。それはクマソのタケルが自ら記している史書です。この史書は後に『火の鳥・鳳凰《ほうおう》編』にもちらりと出てきますが、この史書が実在して、しかも現代に残っていたらどれほ

●**『ヤマトタケル』**→第9章

●**手塚治虫『火の鳥・ヤマト編』**1968年9月号〜12月号『COM』連載。書影は朝日ソノラマ刊愛蔵版（1977）。

●**手塚治虫『火の鳥・鳳凰編』**1969年8月号〜1970年9月号『COM』連載。書影は朝日ソノラマ刊愛蔵版（1977）。

●第1章『火の鳥・黎明編』の注も参照。全12部のタイトルは「黎明編」「未来編」「ヤマト編」「宇宙編」「鳳凰編」「復活編」「望郷編」「羽衣編」（1967〜71『COM』連

ど素晴らしいか、私も子供心にときめいたものでした。後年、私がいわゆる古史《こし》古伝《こでん》に関心を傾けるのも、あるいはそれが原体験になっているからかも知れません。

ヤマトタケルを題材にしたコミックとしては、ゆうきまさみ『ヤマトタケルの冒険』（1983）も見逃せない作品です。

この作品について作者は次のように述べています。

> 「看板に偽りあり」という、よく知られた言葉があるが、結果的にそういう作品になってしまった。最初「アニパロ・コミックス2」に16ページ描いた時は、全体の流れが読めているように、自分では思っていた。結末に至るまでに、冒険のみっつよっつはさせてやることができるだろうと踏んでスタートしたのだ。ところが、意に反してこのシリーズ、ちっとも冒険譚を必要としない物語になっていくのだった。

載）「乱世編」「生命編」「異形編」（1978～81『マンガ少年』連載）「太陽編」（1986～88『野生時代』連載）。

●**中山千夏『新・古事記伝2　人代の巻（上）』**
1990　築地書館。

（単行本『ヤマトタケルの冒険』
「あとがき・または解説の多い前口上」より。
1984　みのり書房）

しかし、作者の印象はどうあれ、この作品のヤマトタケルは十分、「冒険」と呼べる行為しています。作中のヤマトタケルはいくつもの危難を乗り越え、幾人もの敵を討ち果たしているのです。しかし、それらの行為は作者をして「冒険」と呼ぶに躊躇《ちゅうちょ》させるものとなった。

作者はこの作品を描くにあたって題材がウェットなものだけに「極力ドライをよそおうことにした」「余韻を引かないようにしよう、とか、感情移入をさけよう、とか、普段考えないようなところに神経質になった」と述懐しています。

そのため、主人公ヤマトタケルの性格も、必要とあれば人を殺すに手際よく、タブーを気にせずに女性と交わり、常に冷静

●ゆうきまさみ『ヤマトタケルの冒険』1983〜84年『月刊OUT』および月刊OUT増刊『アニパロ・コミックス』に連載、1984年にみのり書房OUTコミックス。角川文庫「ゆうきまさみ初期作品集」の一つとして近刊予定。

さを失なわず、それでいて政治的判断がまったくできない、という（ヤマトタケルとしては）後にも先にもないような特異なキャラクターとして描かれました。彼にとって、敵を討つことは、自分が生き続けるためのノルマ消化であり、彼自身がそこに積極的意義を見出すことはありません。

そのキャラクターゆえに、いかなる行為も、彼自身にとって冒険たりえないのです。冒険に必要なものはまず、その担い手を突き動かす意欲と衝動なのですから……。

また、冷静に人を殺し、タブーを破っていく主人公の姿はこの作品にピカレスクの趣を与えています。この作品では女装という趣向を生かすため、ヤマトタケルを女性とみまごう美少年に描いているので、凄惨さもいや増します。

後年、作者はコミック版『機動警察パトレイバー』（1988〜94）において、「内海課長」というきわめて魅力的な悪役を描き出しますが、この作品にその萌芽を見ることもできる

●**ゆうきまさみ『機動警察パトレイバー』**1988年17号〜94年23号『週刊少年サンデー』に連載。小学館少年サンデーコミックス全22巻（1988〜94）、少年サンデーコミックスワイド版全11巻（1995〜97）、小学館文庫全11巻（2000）。書影は内海課長が表紙のワイド版第2巻。

でしょう。

　また、主人公の抱く疎外感に着目するなら、この作品のヤマトタケルは、後にテレビアニメ『新世紀エヴァンゲリオン』（１９９５〜９６）のブームで話題になる境界例型キャラクターの先駆ともいえるかも知れません。

　なお、この作品についてはもう一つ、特筆すべき存在があります。それはヤマトタケルの双子の兄オオウスです。『古事記』を下敷きとしたこの作品では、オオウスも冒頭近くでヤマトタケルに殺されますが、その後、彼は黄泉《よみ》の大王となり、ふたたび地上に現れて君臨するという野心を抱きつつ暗躍するのです。

　残念ながら、黄泉の大王としてのオオウスとヤマトタケルがふたたび相まみえる場面は描かれませんでした。そのため、ヤマトタケル中心に見れば、オオウス登場の場面は傍流エピソードにとどまったわけで、せっかくの趣向が生かし切れていない

●『新世紀エヴァンゲリオン』１９９５年10月4日〜96年3月27日、テレビ東京系で毎週水曜日18時30分〜19時に全26話放送。原作ＧＡＩＮＡＸ、監督庵野秀明、キャラクターデザイン貞本義行。１９９５年２月号から『月刊少年エース』で貞本義行による同名コミック連載、現在角川コミックスエースで11巻まで。書影はコミック第1巻。

のが惜しまれる作品となりました。

スーパー歌舞伎・ヤマトタケル

現代におけるヤマトタケル物語の再解釈として、映画やコミックとともに見逃せない媒体に演劇があります。1986年初演の『スーパー歌舞伎 ヤマトタケル』です。

これは古代史ブームにおけるスターの一人、梅原猛による初めての戯曲で、盟友の三代目市川猿之助（1939〜）のために書き下ろした作品です。

猿之助は宙乗りや早代わりなど、「けれん」と称される演出が得意な役者でした。この作品の初演当時、芝居通は「けれん」は俗受けするだけの邪道と嫌うものという通念がありました（あるいは今もそれがある）。

猿之助は、その通念を敵に回しながら、「けれん」の工夫を

●『スーパー歌舞伎　ヤマトタケル』（作梅原猛、台本・演出・主演市川猿之助）1986年2月新橋演舞場で幕を開けたスーパー歌舞伎の第1作。衣装・美術・舞台技術・照明・音楽などに新しい人材を得て、古典と現代芸術を融合させたスーパー歌舞伎は2003年の『新・三国志Ⅲ完結編』まで全9作になる。ヤマトタケルは2005年からは市川右近と市川段治郎のダブルキャストで上演されている。書影は梅原猛『ヤマトタケル』（1986　講談社）、表紙は市川猿之助（ヤマトタケル）と中村児太郎（橘姫）、衣装デザイン毛利臣男。

重ね、それまで歌舞伎に縁がなかったような新しいファンを獲得していました。梅原は猿之助のその姿勢に共感して親交を深め、猿之助の依頼を受けて脚本を書くまでになったわけです。

この作品の見せどころはクマソ兄弟相手の立ち回りと、嵐の中でのオトタチバナ入水、そしてヤマトタケルが白鳥となって飛び立つラストで、そのいずれにも「けれん」がふんだんに盛り込まれています。

『スーパー歌舞伎 ヤマトタケル』は、猿之助が２００３年に舞台を降りて演出に回った今も主役を代替わりしながら上演され続けるロングランになっています。

あるいは、１９９４年に東宝映画『ヤマトタケル』が公開されたのにも、この歌舞伎のヒットの影響があったのかも知れません。

第11章 神武天皇と神功皇后

ヤマトタケルとの違い

日本建国における神話上の三大英雄といえば、神武《じんむ》天皇・ヤマトタケル・神功《じんぐう》皇后ということになるでしょう。このうち、ヤマトタケルについては劇画や映像化作品にいくども登場して親しまれていますが、他の二人を描いた作品といえばごくわずかしかありません。

おそらく、その理由はこの二人が皇室の始祖的存在であり、しかも成功者だったからでしょう。ヤマトタケルは即位することなく死んだとされていますが、伝承上、その血統は子の仲哀《ちゅうあい》

■神武天皇　和風諡号カムヤマトイワレヒコ。人皇初代。兄たちとともに九州の日向を発して大和に入り、先に大和入りしていたニギハヤヒを降して、初代天皇として即位(『日本書紀』によると紀元前660年)。その事績には神話的要素が色濃く、非実在説も根強い。くわしくは拙著『「古事記」異端の神々』参照。

天皇を通じて現在の皇室までつながることになっています。その意味では皇室の始祖的存在といってもいい。しかし、その生涯が悲劇的に伝えられていたがゆえに反・天皇制的な風潮の下でも共感を得ることができました。

　ゆうきまさみ『ヤマトタケルの冒険』は次のナレーションでしめくくられています。

> ヲウスの死と相前後して、ヤマトの国内ではオオウスが猛威をふるい、大王の重臣たちがバタバタと倒れた後、翌年大王が倒れ、ワカタラシヒコが大王の座を継いだ。
> が、ワカタラシヒコも短命におわり、後継にはヲウスの子供の一人である、タラシナカツヒコが指名された。この大王にいたっては、その一生を対クマソ戦の中で後継者もないまま終わってしまい、血筋はついに絶えた。
> まことに悲劇の一家というほかない——

●原田実『「古事記」異端の神々』〈太古日本の封印された神々①〉２００５　ビイング・ネット・プレス。

●ゆうきまさみ『ヤマトタケルの冒険』→第10章

ここでは、ヤマトタケルが伝承上の系譜では現在の皇室につながっていることは伏せられています。ヤマトタケルの一族がこの後も繁栄したというのでは、話の興をそぐ、との判断がはたらいたものでしょう。

オタク文化の形成期、実際に作品を制作する世代が、反・天皇制的な思潮を共有していたことは先に述べた通りですが、そのような空気の下では、神武天皇や神功皇后を讃えるような作品は作りようがありません。そのため、この二人に関する伝承はネタとして認知されにくくなった。それが現在まで尾を引いているのでしょう。

『神武』と原田常治

神武天皇を扱った数少ない作品の一つに安彦良和《やすひこよしかず》の劇画『神

武』（1992〜95）があります。これは同じ作者による『ナムジ』（1989〜91）の続編ともいうべき作品です。なお、この2作のさらに続編として構想された作品として『蚤《のみ》の王』（2001）があり、また、『神武』と並行して書かれた、ある意味、その後日談ともいうべき作品に『安東《あんとん》』（1992〜95）があります。

『神武』は神武東征のいきさつを、神武につかえるツノミという人物の視点から描いたものです。『釈日本紀』所収『山城国風土記』逸文や『新撰姓氏録』には、神武天皇を賀茂《かも》氏の祖であるカモタケツノミという神（もしくは人物）が道案内したという記述があります。『神武』の主人公はこの説話から名前をとったものでしょう。

『ナムジ』『神武』の下敷きに使われたのは、原田常治（1903〜77）の古代史モデルです（『ナムジ』の参考文献には原田の著書が挙げられています）。

●**安彦良和『神武　古事記巻之二』**1992〜95年に徳間描き下しコミック叢書で全5巻、中公文庫コミック版全4巻（1997）、中公コミックライト全4巻（2003〜04）。書影は中公文庫版。

●**安彦良和『ナムジ　大國主　古事記巻之一』**1989〜91年に徳間描き下しコミック叢書で全5巻、徳間書店アニメージュコミックスオリジナル全5巻（1994）、中公文庫コミック版全4巻（1997）、中公コミックライト全4巻（2003）、書影は中公文庫版。

原田は日本全国の神社1631社を回り、そこで収集した伝承から日本建国の過程を再構成したと主張していました。

原田によると、日本建国の祖は実在の人物だったスサノオです。出雲《いずも》の王であったスサノオは九州・日向《ひゅうが》の女王オオヒルメムチと結婚し、オオトシという子を生《な》しました。

このオオトシが長じてニギハヤヒと呼ばれ、大和《やまと》に入って出雲国家をさらに大きく広げた。ニギハヤヒの死後、その国土をめぐって日向の勢力と出雲の勢力の間で後継者争いが生じたが、結局、日向の王子イワレヒコ（神武天皇）がニギハヤヒの娘の婿養子になることで一件落着した。このイワレヒコの婿入りの道行きが、すなわち「神武東征」にほかならない、というわけです。

また、記紀では出雲の国造りの神とされるオオナムジ（大国《おおくに》主尊《ぬしのみこと》）は、原田によると美男だったためにスサノオの娘に気に入られて出雲国家の婿養子に入っただけの男だったとされて

●**安彦良和『蚕の王』**２０００年14号〜０１年20号『モーニング新マグナム増刊』に連載、講談社モーニング新マグナム増刊』に連載、講談社モーニングＫＣ

●**安彦良和『安東　ANTON』**１９９２年9月号〜９５年4月号『コミックＮＯＲＡ』に掲載、学研ノーラコミックスデラックス全3巻（１９９３〜９５）。

います。

つまり、オオナムジ、イワレヒコとも原田の古代史モデルでは、偉大な義父（オオナムジの場合はスサノオ、イワレヒコの場合はニギハヤヒ）の影に怯える無力な婿養子にすぎなかった。それが記紀編纂の際、朝廷が真の建国者ともいうべきスサノオとニギハヤヒの事績を抹殺しようとしたために、この二人が英雄として祭り上げられたというのです。

そして、このオオナムジとイワレヒコは『ナムジ』と『神武』において、それぞれ中心人物になっています。

さて、安彦作品には、無力な男性の主人公が状況に流され、強い女性に助けられながら父権的権力に抗う、というパターンがよく見られます。たとえば、出世作となった『アリオン』（1979～84）、代表作となった『クルドの星』（1985～87）『ヴィナス戦記』（1986～90）、『虹色のトロツキー』（1990～96）など、いずれもこのパターンを踏襲

■**原田常治**　婦人生活社の創業者。70歳にして経営を後進に譲り、日本各地の神社をめぐって伝承（神社の発行物）を集めたという。神社伝承の解釈なるものは恣意的だが、支持者は多く、今も原田説をトレースした古代史本が書かれ続けている。主著『古代日本正史』（1976）『上代日本正史』（1977）、原田説の概略については拙著『トンデモ日本史の真相』参照。

●**原田常治『古代日本正史　記紀以前の資料による』**1976　同志社、現在入手不可。
●**原田常治『上代日本正史　神武天皇から応神天皇まで』**1977　同志社、現在入手不可。
●**原田実『トンデモ日本史の真相』**→第5章

しています。

そのパターンに照らしてみると、なぜ、彼が、原田常治の古代史モデルから、オオナムジとイワレヒコを選び出して物語の軸にしたかがよくわかるのです。そして、『ナムジ』『神武』もまたこのパターンにしたがって展開していきます。おそらく、記紀にあるような英雄的な大国主や神武では、安彦の関心を得ることはなかったでしょう。

その意味では、この両作品は安彦が原田常治の著書と出合うことなくしてありえなかったものでしょう。

ところで、先述のように、原田は自分の古代史モデルは神社伝承に基づく、と主張していたわけですが、実際には、原田のモデルに一致するような伝承を持つ神社はありません。本当のところ、原田の古代史モデルはこじつけと思いつきからできていると言っても過言ではないでしょう。もちろん、それは『ナムジ』『神武』のフィクションとしての価値を下げるものでは

●**安彦良和『アリオン』**1979年5月号〜84年11月号『月刊リュウ』に掲載、徳間書店アニメージュコミックス全5巻（1980〜85）、徳間書店アニメージュコミックスデラックス全3巻（1986）、中公文庫コミック版全4巻（1997）、嶋中書店アイランドコミックス全3巻（2004）。

●**安彦良和『クルドの星』**1985年2月〜87年4月『月刊少年キャプテン』に掲載、徳間書店少年キャプテンコミックス全3巻（1986〜87）、学研ノーラコミックスデラックス全2巻（1990）、中公文

ありません。

なお、『蚤の王』は、『日本書紀』で相撲《すもう》と埴輪《はにわ》の始祖とされる野見宿禰《のみのすくね》を主人公とする物語、『安東』は神武東征で大和を追われ、津軽に落ちのびた一族の子孫と源義経の遺児とが関わる物語です。

現代人のための「神功皇后」

さて、記紀の神功皇后説話を下敷きにした作品としては、諸星大二郎『海神記《かいじんき》』（1981〜）があります。この作品は今から20年以上も前に書き始められながら、いくどとなく中断し、現在まで続いているシリーズです。しかし、幾度中断しても時を経て再開されるということ自体、作者のこの作品に対する愛着を物語っているといえましょう。

この作品は、古代の日本列島にいた海人族が、海からきた幼

庫コミック版全2巻（1998〜99）、チクマ秀版社レジェンド・アーカイブ全2巻（2005）。

●**安彦良和『ヴィナス戦記』**　1986年9月号〜90年4月号『コミックNORA』に掲載、学研ノーラコミックス全4巻（1987〜90）、学研ノーラコミックスデラックス全1巻（1989）、中公文庫コミック版全4巻（1999）。

子ミケツと巫女オオタラシに導かれ自分たちの国を建てるまでの物語……になる予定の作品です。

ミケツとオオタラシの関係は母子ではありませんが、そのモデルは応神天皇とその母の神功皇后であることは作者自身が認めています。

なお、この物語の設定について、作者は次のように説明しています。

（一）時代は西暦四世紀の後半である。舞台は南九州の西の海から始まって、北九州へと移っていく。

（二）この時代、畿内には大和朝廷らしきものはあるが、それは大和盆地を中心に畿内あたりに勢力を張る程度のもので、北九州まで支配下におくほどの強国にはまだなっていない。

（三）北九州は『魏志倭人伝』に述べられている奴《な》、伊都《いと》、

●安彦良和『虹色のトロツキー』1990年11月号～96年11月号『月刊コミックトム』に掲載、潮出版社希望コミックス全8巻（1992～97）、中公文庫コミック版全8巻（2000）。

■神功皇后　和風諡号オキナガタラシヒメ。人皇第14代仲哀天皇の后で第15代応神天皇の母（神功自身が女帝として即位したという説もある）。『日本書紀』では魏志倭人伝の女王・卑弥呼と同一人物とするが、現在では実在したとしても4世紀の人という説が有力。夫の仲哀が九州で崩御した後、胎内に応神を宿したまま、朝鮮半島に向い新羅を降す（『日本書紀』では新羅以外にも朝鮮半島の広域で軍事活動を行ったという）。その後、畿内に入ってライバルの王子たちを倒し、我が子が天皇になるための準備を行った。明治期

末羅《まつら》などの小国が分立する状態で、日本の他の地方もほぼ似たような情勢である。南九州には隼人《はやと》（熊襲《くまそ》）の大勢力があるが、部族単位のもので統一した国家ではない。なお『日本書紀』等から、塢舸《をか》、穴門《あなと》、菟狭《うさ》などの国々を参照補塡している。邪馬台国は既に滅んでいて、ない。
（四）当時、朝鮮半島は百済《くだら》、新羅《しらぎ》、高句麗《こうくり》の三国が強国で、卓淳《とくじゅん》、任那《みまな》などの小国も巻き込んで覇権を争っていた。日本と大陸の間では、息長《おきなが》などの航海海人が交易で活躍したであろうことも、想像に難くない。
（五）海岸地帯には大勢の海人がいたと思われる。海人たちは部族ごとの連帯意識はあっても、多くは漁父という網元のようなものに統率された、村落単位の漁業民であったと想像される。だが、中には安曇《あずみ》のように、海人の豪族として大きな勢力を持つものもあった。
　以上のような情勢の中で、南九州一帯で津波、不漁など

から戦時中は、神功皇后の朝鮮征伐譚が日韓併合の正当化に利用され、国定教科書でもその事績が取り上げられていたが、戦後は教育の場から一掃された。

●諸星大二郎『海神記』1981年『ヤングジャンプ』1991〜92『コミックトム』に掲載。潮出版社希望コミックス全3巻（1992〜94）、光文社コミック叢書シグナル全2巻（2007）。書影は光文社版。

の天災が相次ぎ、海人たちの大移動が始まるというのが、この話の基本設定である。

（諸星大二郎『海神記』潮出版社版、第1巻「あとがき」より。１９９２）

これはもちろん作者の歴史観というわけではなく、むしろ、ＲＰＧでいうところの世界観に相当するものです。なお、ウェブ上の書評にはこの作品の時代設定を縄文時代とするものがありますが、それは間違いです。元になっている神功皇后説話を知っていれば生じないはずの誤解なのですが、戦後の教育を受けた世代には仕方ないところかも知れません。

ストーリーの下敷きになっているのは神功皇后説話ですが、他に神武天皇説話やアメノヒボコ説話から借りた要素もあり、元の話を知っていても、その展開には予断を許さないところがあります。

■海人族　この場合は日本列島における海洋民。その一部は海部として朝廷の制度に組み込まれ、海産物を朝廷に献上したり造船や製塩を管理する役職についた。安曇氏はその代表ともいうべき大族。ちなみに安曇氏が崇める海神・ワダツミの総本宮は福岡市の志賀島にある志賀海神社である。

なお、神功皇后説話といえば、戦前の教育で強調されていたのは朝鮮半島での戦闘という要素です。しかし、この作品においては、その要素は今のところ省かれた形になっています。あるいは、現在の政治的問題にこじつけて解釈されるのを防ぐためかも知れません。

さて、『海神記』は現在、南九州から出て、北九州に至った海人族たちが進路を東に転じる（つまり先の設定で言えば「大和朝廷らしきもの」がある方向）に向かうところで話が中断しています。その再開を大いに期待するものです。

第12章 埴輪と武神

大魔神はハイブリッド

埴輪《はにわ》とは、古墳時代、祭祀のために古墳上に並べられた素焼の焼き物の総称です。その原型は弥生時代後期、吉備《きび》地方で首長墓の上に葬送儀礼のために並べられた特殊器台にあると思われます（吉備の弥生墳丘墓はその墳丘の形式そのものに前方後円墳との連続性があり、古墳文化の起源を考える上で重要なデータを提供しています）。

古墳時代前期初頭（3世紀頃）には、埴輪といっても単純な形の円筒埴輪しかありませんでしたが、次第に複雑な形式が現れ、古墳時代中期（5世紀頃）には馬や犬を模した動物埴輪や、巫女《みこ》や武人《ぶじん》を模した人物埴輪も登場しました。本書のテーマと関わってくるのは、このうち、人物埴輪です。

埴輪から生まれたキャラということで特筆すべきはまず大映映画のヒーロー・大魔神《だいまじん》でしょう。大魔神は3本の劇場映画にその雄姿を現しました（『大魔神』『大魔神怒る』『大魔神逆襲』いずれも1966）。

人物埴輪の顔は、平面的で単調な傾向がありますが、それは見方によっては柔和にも見えます。その顔は、鎧兜《よろいかぶと》で武装した武人埴輪にはかえってアンバランスにさえみえるほどです。大魔神のふだんの姿はこの武人埴輪の特徴をよくとらえていま す。

それがひとたび怒《い》かるとたちまち恐ろしい顔に代わる。その表情のモデルは、明王《みょうおう》部や天《てん》部の仏像に見られる忿怒像でしょう。

●**『大魔神』**　1966年4月17日公開、大映制作の特撮時代劇。監督安田公義、特技監督黒田義之、脚本吉田哲郎、音楽伊福部昭、出演高田美和・青山良彦・藤巻潤。

●**『大魔神怒る』**　1966年8月13日公開、大映制作の特撮時代劇。監督三隅研次、特技監督黒田義之、脚本吉田哲郎、音楽伊福部昭、出演本郷功次郎・藤村志保・丸井太郎。

●**『大魔神逆襲』**　1966年12月10日公開、大映制作の特撮時代劇。監督森一生、特技監督黒田義之、脚本吉田哲郎、音楽伊福部昭、出演二宮秀樹・北村谷栄・名和宏。

■**明王部**　密教系の仏像で煩悩を打ち砕く力を象徴したもの。不動明王・孔雀明王・愛染明王・大元帥明王などがその代表。

映画のクライマックスにおける大魔神の姿はいわば埴輪と仏像のハイブリッドなのです。映画第一作の劇中において、その像を信仰する人々は大魔神のことをアラカツマ様（阿羅羯磨）と呼んでいます。「羯磨《かつま》」とは十字金剛《じゅうじこんごう》ともいわれる密教の法具で、もとは武器だったものが煩悩を打ち砕くという比喩的意味から儀礼に用いられるようになったものです。

また、日本では神は荒ぶるものという概念が古くからあり、そこから神道では、神の荒々しさ、すなわちアラミタマ（荒魂）と柔和な面、すなわちニギミタマ（和魂）とを表裏一体とみなす信仰も生まれました。大魔神の2つの表情はまさにそのアラミタマとニギミタマに対応しています。

怒《い》かれる大魔神が引き起こす大破壊はまさにアラミタマの所業でしょう。そして、そのアラミタマの「アラ」と密教の法具を組み合わせたものが大魔神の正式な神名となっているのです。その名といい、埴輪と仏像を組み合わせた姿といい、大魔

■天部 仏像の中で天を具現化したもの。「天」とはこの場合、古代インドで崇拝されていた神々から、仏教にとりこまれ、護法神として祭られるようになったものを意味する。武装した天部として代表的なものに帝釈天とその四天王がある。なお、大魔神の顔のモデルを寺院の門を守る金剛力士（仁王）に求める説があるが、金剛力士も仏像としては天部に属する。

■羯磨（十字金剛）

神はまさに日本の神仏習合の文化から生まれたキャラクターといえるでしょう。

さて、大魔神の姿を考える上で特筆すべき特徴には、兜の耳当てから頭上につき出た2つの突起状の装飾があります。実際には、武人埴輪であのような装飾を伴うのは珍しい例です。あるいは、それは韓国国立中央博物館にある伝群馬県出土の武人埴輪くらいかも知れません。

しかし、その装飾がなければ、大魔神はその威圧感ある胴体に対して頭部がさびしいものとなり、観客に与える印象も弱まったものと思われます。これはまさに大魔神の造形にたずさわった高山良策（１９１７～８１）の技量を示すものといえましょう。

なお、大魔神の造形があまりに素晴らしく、埴輪型キャラの一つの定型になってしまったために、この頭部の装飾は後の埴輪型キャラに受け継がれていくことになります。ＮＨＫの教育

■**アラミタマ**　神道用語で、荒魂は、神の荒ぶる働きを示すが、いわゆる古神道では、人間の内面の荒々しい要素を示す意味にも用いられる。死んで間もない人の魂をアラミタマと呼ぶ用例もあるが、これは「新御魂」の意味も含まれているのだろう。昔の日本人は、死んだばかりの人の魂は生前の怒りや恨みを引きずった状態にあり、それが時とともに静まっていくとも考えていたようである。あるいはアラミタマの原義は新御魂の方にこそあるのかも知れない。

■**高山良策**　画家。１９４６年に同志と前衛美術会を結成、シュルレアリズムにもとづく絵画やオブジェを多数発表した。一方で60年代の円谷ウルトラ・シリーズなどで怪獣造形も手掛けており、最近では美術方面からの高山怪獣造形再評価も行われつつある。

番組『おーい！　はに丸』（１９８３〜８９）の、はに丸などはその代表例ともいえるでしょう。

忿怒形の魔神たち

日本人にとって忿怒形の仏像は、魔神像のモデルとしてもっともなじみ深いものでした。大魔神より前の特撮作品で魔神の像として印象的なものといえば、『大怪獣バラン』（黒沼健原作、本田猪四郎監督、１９５８）の「婆《ば》羅《ら》陀《だ》魏《ぎ》様」があげられます。作中での設定では、婆羅陀魏とは、北上川上流の湖に潜む怪獣バランを山神として祀ったものであり、そのバランの正体はバラノポーダという（架空の）恐竜ということになっていたのですが、婆羅陀魏の像は忿怒形の仏像をベースとしつつ、怪獣の特徴を見事に生かしたものとなっていました。

大魔神シリーズ公開の翌年、日活が公開した『大巨獣ガッ

●**『おーい！　はに丸』**１９８３〜８９年にＮＨＫ教育テレビで放映された幼児向けの教育番組。王子の埴輪「はに丸」とお供の馬の埴輪「ひんべえ」が、言葉を学んでいく。

●**『大怪獣バラン』**１９５８年10月14日公開、東宝制作の怪獣映画。原作黒沼健、監督本多猪四郎、脚本関沢新一、特技監督円谷英二、音楽伊福部昭、出演野村浩三・園田あゆみ・平田昭彦。

パ』では、南海の（架空の）島オベリスク島の古代遺跡として、岩壁に建てられた巨大な神像が登場します。作中に登場する学者・殿岡の台詞では「イースター島の巨像に似ている」とされていますが、実際にはこの像はイースター島のモアイとは似ても似つきません（もっとも殿岡の専攻は生物学とされていますから遺跡は専門外なわけですが）。

その姿はやはり仏像、特に護法神の迦楼羅《かるら》を参考にしたようです。迦楼羅の像の特徴は背中の羽根と、頭部の冠（もしくは冠上の羽毛）ですが、その特徴はオベリスク島の石像にもうかがえます。

なお、ガッパは名前からうかがえる通り、カッパの怪獣として発想されたものですが、完成したその姿はカッパよりも迦楼羅の原型であるガルーダを連想させるものになっています。

横山光輝原作のテレビ特撮『仮面の忍者赤影』（1967～68）に登場した金目像も忿怒形の仏像をモデルにした魔神と

●**『大巨獣ガッパ』**　1967年4月22日公開、日活制作の怪獣映画。監督野口晴康、原案渡辺明、脚本山崎巌・中西隆三、音楽大森盛太郎、出演川地民夫、山本陽子、和田浩治。

■**モアイ**　イースター島にある石像。ムー大陸など超古代文明と結びつける論者もあるが実際には建てられたのは12～14世紀くらいのことである。拙稿『トンデモ偽史の世界』2008　楽工社、参照。

●**原田実『トンデモ偽史の世界』**　2008　楽工社。

■**迦楼羅**　古代インドの伝説上の神鳥ガルーダが仏教にとりこまれ、護法神とされたもの。

して異彩を放っています。原作では幻術で動いた（ように見せかけただけの）金目像が、テレビ特撮版においては、内部にからくりを仕込んだ一種の巨大ロボットにして、移動要塞ともいうべき機能を与えられ、大暴れすることになりました。

オベリスク島の巨像やテレビ特撮版の金目像は、岩に囲まれた立像であり、その場景は『大魔神』第一作での、大魔神の最初の登場の場面を連想させるものがあります。これらの像は大魔神から、埴輪の要素を捨象していったものともいえるでしょう。

大魔神は今でも、埴輪形キャラと、日本の土俗的イマージの魔神像の、双方の典型としてユニークな位置を保ち続けています。

●『仮面の忍者赤影』1967年4月5日〜68年3月27日、関西テレビ制作フジテレビ系列で毎週水曜日19時〜19時30分に全52話放送。原作横山光輝。書影は坂口祐三郎と赤影支援会編『赤影参上！』1998　扶桑社。

第13章 聖徳太子の諸相

池田理代子氏の「盗作疑惑」

池田理代子といえば、『ベルサイユのばら』（1972～73年初出）でフランス革命に翻弄される人々の姿を丹念に描き、少女漫画のイメージを塗り替えるのに貢献した作者の一人です。ところが2007年5月、その大御所が、ウェブ上で次々に非難をあびせられるという騒ぎがありました。

事の発端は同年5月25日、朝日新聞夕刊に掲載された天野幸弘の署名記事です。「ニッポン人脈記・風薫る飛鳥⑥進取のスター聖徳太子・ゆかりの土地に私のお墓」という見出しのその

●**池田理代子『ベルサイユのばら』** 1972年～73年『週刊マーガレット』に連載、集英社マーガレットコミックス全10巻（1972～74）、集英社漫画文庫全10巻（1977～78）、中央公論新社愛蔵版全2巻（1987）、集英社文庫全5巻（1994）、集英社SGコミックス完全版全9巻（2005～06）、フェアベルコミックス全6巻（2006）。書影は中公愛蔵版。

記事から問題の個所を抜き出してみましょう。

一重まぶたの細い目。のっぺりとして、ちょっと下ぶくれの顔。聖徳太子といえば、こんな印象をお持ちの方も多いだろう。これが、あの超ヒット作『ベルサイユのばら』の作者の手にかかれば、こう変わる。大きな目に長いまつげ。彫りの深い顔に、すっきりしたあごのライン。池田は91～94年、漫画『聖徳太子』を発表した。「ベルばら」から約20年たっていた。「太子の顔に特定のモデルはありません」。しかし、史実にまじめに向き合った。

（中略）

大阪育ちの池田にとって、聖徳太子は身近すぎて作品の対象にならなかった。飛鳥は父親の故郷で、子どものころから飛鳥に何度も来た。四天王寺、法隆寺など、太子ゆかりの寺にも親しんだ。ところが、ある漫画家が、聖徳太子

ニッポン 人・脈・記　風薫る飛鳥⑥

進取のスター 聖徳太子

ゆかりの土地に私のお墓

池田さんの聖徳太子（中公文庫コミック版から、©池田理代子プロダクション）

池田理代子さん

梅原猛さん

篠崎紘一さん

●「ニッポン人脈記・風薫る飛鳥⑥」（2007年5月25日朝日新聞夕刊）

と蘇我毛人との「霊的恋愛」を描いた。「違和感をおぼえました」。池田は文献を読み、仏教学者の中村元らに助言をうけた。

池田の作品を「聖徳太子と蘇我毛人との『霊的恋愛』を描いた」作品と対置し、一方で池田が「史実にまじめに向き合った」ことを強調する。それではまるで、先行するもう一つの作品は真面目なものではなかったようです。その先行する作品が山岸凉子『日出処《ひいずるところ》の天子《てんし》』（１９８０〜８４）であることは少女漫画ファンには自明のことです。

つまりこの朝日新聞の記事は池田の作品を讃えるために山岸の作品を引き合いに出し、結果として貶めるような筆法になっていたのでした。

本来、そのことへの批判は記事を執筆した天野にこそ向けられるべきでした。ところが記事中で池田の言として「違和感」

●**池田理代子『聖徳太子』**１９９１〜９４年に描き下ろしで創隆社より全7巻、中公文庫コミック版で全5巻（１９９９）。書影は中公文庫版。

●**山岸凉子『日出処の天子』**１９８０年4月号〜８４年6月号『月刊ＬａＬａ』に連載、白泉社花とゆめコミックス全11巻（１９８０〜８４）、白泉社山岸凉子作品集全6巻（１９８４）、角川書店あすかコミックス・スペシャル全8巻（１９８６）、白泉社文庫全7巻（１９９４）。書影は白泉社文庫版。

について述べられていたため、ブログなどでの非難は池田氏の方に集中してしまったわけです。

さらに言えば、この記事に述べられた池田画の太子の容貌の特徴は「大きな目」を除けば、いずれも山岸画の太子と共通するものです。

ちなみに山岸の描く太子は切れ長の細い目を持っています。一方、池田は『聖徳太子』執筆と同時期の1993年、四天王寺創建1400年祭のポスターにイラストを寄せています。ところがそのイラストに描かれた太子は切れ長の細い目で描かれている。その特徴は『日出処の天子』をなぞったかのようで、よく見なければ山岸のイラストと見間違いかねません。このイラストが物語を捨象した池田本来の太子のイメージとすれば、漫画『聖徳太子』での太子の「大きい目」は少女漫画の主流におもねった結果つけ加わった要素と思われます。

つまり池田の描く太子像はもともと『日出処の天子』からイ

ンスパイアされて造形されたものと考えられます。天野は、山岸をあえて貶めることによって池田のオリジナリティを実際以上に強調したわけです。

池田氏が山岸氏から学んだと思われる要素は太子の容貌だけではありません。ウェブ上ではすでに「漫画『聖徳太子』（作・池田理代子）盗作疑惑検証サイト」が立ちあげられています。そこでは、『日出処の天子』『聖徳太子』両作品間で、ストーリー展開や構図が酷似した箇所が40か所以上も挙げられ、さらにその件数を増やし続けています。

また、2ちゃんねる漫画サロン板の「池田理代子が山岸の『日出処の天子』を盗作」スレも２００８年の年明けとともにｐａｒｔ5を数えるまでになりました。つまりはそのテーマのスレに２００７年のうちに約４０００件の書き込みがあったことになります。

『週刊新潮』２００８年1月24日号には盗作検証サイトのこ

とを取りあげた「ベルばら池田理代子の聖徳太子マンガに〝盗作疑惑〟」という記事が掲載されています。内容は主に先述の盗作疑惑検証サイトに関するもので、そこには池田側と、『日出処の天子』版元・白泉社の双方のコメントも掲載されていました。

「そのような取材には一切お答えできません」（池田理代子プロダクション）

「申し上げることはありません。山岸先生も、特に何もおっしゃっていません」（白泉社）

この「盗作疑惑」についての私見は後に述べることにしましょう。ここで注目したいのは、大手マスコミが『日出処の天子』を不当に貶めるような報道を行ったのはこれが最初ではな

●「ベルばら池田理代子の聖徳太子マンガに盗作疑惑」（2008年1月24日号『週刊新潮』）

い、ということです。

毎日新聞の捏造記事

1984年1月24日付の毎日新聞夕刊は「法隆寺カンカン・えっ、これが聖徳太子?!・少女向け漫画、釈明求める〝信仰の対象を冒とく〟」という見出しで次のように報じています。

聖徳太子をモデルにした少女向けコミック漫画で、太子が女性ふうのなまめかしい姿で登場する（単行本）「日出処（ひいづるところ）の天子」（山岸涼子作）が、中、高生の人気を呼んでいるが、その内容を知った奈良県生駒郡斑鳩町、聖徳宗総本山法隆寺（大野可圓管長）は、「わが国の仏教興隆に尽力し、寺の信仰の対象である太子を冒とくするものだ」とカンカン。近く同宗派の布教などについ

毎日新聞

法隆寺 カンカン

「えっ、これが聖徳太子?!」

少女向け漫画、釈明求める

「信仰の対象を冒とく」

日出処の天子

史実だけでは漫画はできない

●「法隆寺　カンカン　えっ、これが聖徳太子?!」（1984年1月24日毎日新聞夕刊）

て話し合う教学会を開き、出版元の東京千代田区西神田三の六の四、白泉社（梅村義直社長）への抗議を含め対策を話し合う。

「日出処の天子」は同社発行の月刊コミック雑誌「ララ」に五十五年四月号から連載、現在も継続中で、五十五年八月には単行本化され、これまでに八巻刊行された。十数万部が売れたロングセラー。

作者の山岸さんは、ナゾめいた幻想的なタッチの登場人物の描写が持ち味で昨年講談社漫画賞を受賞、中、高校の女生徒を中心に、若いＯＬまで圧倒的な支持を得ている人気女流漫画家。

漫画は、古代史を舞台に、聖徳太子が、蘇我・物部両氏の権力闘争の中で、呪力と才気で、次第に人望を集めていくというストーリーだが、若い女性の顔立ちの太子と、蘇我蝦夷（えみし）とのラブシーンなども描かれている。

法隆寺は、この雑誌、単行本を取り寄せ、内容を検討した結果、史実とフィクションが混同し、興味本位過ぎる―など、寺の関係者から批判が続出、「放置できない」と意見が一致した。

高田良信・同寺執事長は「聖徳太子は、私たちの信仰の対象であるばかりか、十七条憲法を制定、仏教興隆に尽くした歴史的にも偉大な人物。中学生ら多感な少女向けの雑誌に、同性愛の太子を連載、誤った太子像を植えつけられては困る」と怒り「出版社に釈明を求めたい」としている。

―史実だけでは漫画はできない―

これに対し作者の山岸凉子さんは出版社を通じ「梅原猛さんの法隆寺に関する著作などを参考に、私のイマジネーションで描きました。だれもが知っている聖徳太子の意外性を狙ったもの。史実だけでは漫画はできません」と、言っている。

―小森正義・白泉社「ララ」編集長の話―史実をベースにはしているが、漫画だからフィクションは入る。同性愛シーンなど、少女向けコミックでは常識だし聖徳太子への冒とくなどとは考えていない。

ところがそれから11日後の2月4日付同紙夕刊には、次のような小さな記事が掲載されていたのです。

おわび・一月二十四日付夕刊社会面の少女漫画「日出処の天子」に関する記事中に、法隆寺側が怒り、出版社への抗議を含む対策を話し合うとあるのは誤りでした。同寺は教学部で布教の参考にするとの態度で、著者、山岸凉子さんほか関係者の談話も事実ではありませんでした。関係者にご迷惑をおかけしたことをおわびして訂正します。

おわび　一月二十四日付夕刊社会面の少女漫画「日出処の天子」に関する記事中に、法隆寺側が怒り、出版社への抗議を含む対策を話し合うとあるのは誤りでした。同寺は教学部で布教の参考にするとの態度で、著者、山岸凉子さんほか関係者の談話も事実ではありませんでした。関係者にご迷惑をおかけしたことをおわびして訂正します。

●「おわび」（1984年2月4日毎日新聞夕刊）

つまり、法隆寺が白泉社に抗議しようとしているという記事のテーマが虚偽だっただけではなく、談話までが事実と異なっているというわけなのです。

この「おわび」の方が真実なら、同紙にはまともな取材によらない捏造記事が堂々と掲載されてしまったことになります。

同年3月には『週刊現代』がこの問題を追及、問題の記事を書いた奈良支局の記者が山岸に取材していないこと、白泉社の小森編集長もコメントを出していないこと、法隆寺の高田執事長（当時。現在は法隆寺長老）も記者に教えられてはじめて『日出処の天子』を知ったが、記事が出た時点ではまだ読んでさえいなかったことなどが判明しました。

毎日新聞でも一記者が自分の「思いこみ」だけで書いた創作記事であることを認めていたとのことです。

ではなぜ、そのような事態が生じたのでしょうか。うがった

●**山岸凉子**には古事記・日本書紀に取材した作品が多数ある。ただしタイトルが内容よりもテーマを象徴することもあり、舞台は古代とは限らない。「黄泉比良坂」（1983年9月号『ボニータ』）、「千引きの石」（1984年9月号『ぶ〜け』）、「天鳥船」（1985年1月号『プチフラワー』）、「海の魚鱗宮子」（1985年4月号『プチフラワー』）、「蛭子」（1985年7月号『プチフラワー』）、「蛇比礼」（1985年9月号『ぶ〜け』）、「時じくの香の木の実」（1985年10月号『ASUKA』）、「常世長鳴鳥」（1985年『グレープフルーツ』21号）、「天沼矛」（1986年『グレープフルーツ』27号）、「木花佐久毘売」（1986年6月号『ASUKA』）、「月読」（1986年8月号『ASUKA』）、「肥長比売」（1993年10月号『コミックトム』）、倭の国の巫女王「日女子」を題材とした「青青の時代」（1998年5月号〜2000年2月号『コミックトムプラス』）などがある。また、梅原猛とのコラボレーションで『ヤマトタケル』がある。

見方をすれば、そのキーワードは「少女」「中、高生」でしょう。

これに先立つ1983年、少女向け雑誌に掲載されたセックス関係記事が過激すぎる、という報道が複数のメディアを賑わわせたことがあります。84年2月には衆議員予算委員会で三塚博議員が、その問題をとりあげ、自民党で「少年の健全な育成を阻害する図書類の販売等の規制に関する法律」の試案が作成されたほどです（結局、この法案は言論の自由に抵触するということで廃案となりました）。

あるいは、『日出処の天子』も「少女向け漫画」であったがゆえに、その中の同性愛描写が奈良支局記者の目を引き、スケープゴートにされたものとも考えられるのです。

1984年の毎日新聞と2007年の朝日新聞、そのどちらの記事にも共通するのは『日出処の天子』に対して、記者が抱いた違和感です。前者の記者は、それが法隆寺と共有できるも

●山岸凉子『黄泉比良坂』1985　秋田書店ボニータコミックス。

●山岸凉子『時じくの香の木の実』1987　角川書店あすかコミックス。

のと思いこんだために結果として捏造記事を書くことになり、後者の記者は、それを池田に転嫁したために「盗作疑惑」という形で池田の方に非難が集まってしまった。

しかし、私はここであえて言わなければならなりません。彼らが抱いた違和感、それこそが『日出処の天子』を名作ならしめているのだと。

太子説話の完成形

後世、聖徳太子とよばれることになる人物が6世紀末から7世紀初めにかけて活躍していたことはまず間違いのない史実です。しかし、その実像については謎に包まれています。

それは彼の死後、早い時期から聖人として祭り上げられるようになったため、事実がことごとく伝説のベール越しにしか見られないようになってしまったからなのです。聖徳太子非実在

●山岸凉子『月読』1996 文春文庫ビジュアル版。

●山岸凉子『青青の時代』全4巻 1999～2000 潮出版社希望コミックス。

説なるものが論じられる由縁です。

　聖徳太子の没年については推古《すいこ》天皇30年（６２２）説と29年説があります。太子の没後１００年足らずに編纂された『日本書紀』（養老４年＝７２０完成）にはすでに太子が十人の訴えを同時に聞いても判断を誤らなかった、将来のことをあらかじめ知ることができた、片岡（現奈良県北葛城郡上牧町片岡台）で飢えて行き倒れた人に衣を与えたところ、後にそれが聖（仙人）とわかった、などと太子を聖人とみなす説話を伝えています。

　奈良時代以降、仏教が貴族以外の広汎な層から信仰を集めるようになると、太子を日本仏教の教主とみなす太子信仰がさかんになり、その生涯はさらに多くの説話に彩られて語られるようになりました。

　平安時代に成立した『聖徳太子伝暦《でんりゃく》』（延喜17年＝９１７成立説が有力だが異説も多い）はその時点における太子説話の集

●**山岸凉子『ヤマトタケル』**（梅原猛原作）１９８６年12月号～８７年７月号『ＡＳＵＫＡ』に連載、１９８７年に角川書店からハードカバーで全１巻、１９９１年に角川書店あすかコミックス全２巻。

大成ともいうべきもので、後世の太子伝に大きな影響を与えた本です。

さて、『日出処の天子』にも『聖徳太子伝暦』（およびその流れをくむ太子伝）に基づいて描かれた箇所は多く見られます。しかし、山岸は元の説話を巧みに改変して、その意味を置き替えているのです。

たとえば、日羅《にちら》と出会ったくだり。日羅とは『日本書紀』によると火葦北国（現熊本県葦北郡）の国造《くにのみやっこ》の子で百済《くだら》の官僚となっていた人物とされています。

敏達《びたつ》天皇12年（583）、日羅は来日して天皇に献策したが百済に帰国する前に何者かに暗殺されたと伝えられています。また、『大覚寺縁起』など中世に書かれた説話では、日羅はしばしば百済の僧とされ、太子と共に寺院を創建したことになっていたりもします。

さて、『聖徳太子伝暦』では日羅に関する説話は次のように記されています。

太子は百済の賢者・日羅《にちら》が異相（只者ではない外見）を持っていると聞き、会いたいと願ったが天皇の許しが得られなかったため微服（粗末な身なり）で貴人のおつきの童子たちの中に混じって近づいた。すると日羅は太子をまっすぐ指差して「その童子は神人なり」と言ったため、太子はその場を去ろうとした。日羅は靴を脱いで太子を追いかけ、礼拝した。太子が立ち止まると日羅は地に膝まづいて合掌し「救世《くぜ》観世《かんぜ》音大《おんだい》菩薩《ぼさつ》を敬礼す、東方の粟散王《ぞくさんおう》（小さな島国の王）に法の灯を伝う」と言った。日羅は全身から炎の如き光を放ち、太子は眉間《みけん》から光を放った。二人が語り合った後、別れ際に太子は日羅の命が尽きようとしており、聖人といえどもその災いが逃れ得ない、ということを告げた。日羅は新羅人に殺されたが、いったん息を吹き返し、これは新羅のせいではない、と告げた。太子はこれを聞き、日羅は聖人であった。自分が前世に漢（中国）にいた頃、日羅は弟子であった、仇を討とうとするな。彼はこの世の生を捨てて、天に生まれたのだ、と言った。

（現代語訳・原田）

この説話が『日出処の天子』では次のように解体・再構成されています。

①童女に変装した太子が蘇我毛人《えみし》に近づき、共に日羅に会いにいこうといざなう。

②日羅は太子を指差し「そこにいる童子《わらわ》は人にあらず」という。太子はその場を去る。

③太子、日羅について「あれはもう命がつきている」「日羅には…もう死んでもらいましょう」と毛人に告げる。

④花郎《ファラン》（弥勒信仰で結束した新羅の青年戦闘集団）であった淡《たん》水《すい》は太子を弥勒菩薩の化身とみなす。
⑤淡水は日羅の言を「人ではない、神人《かみびと》なのだから」という意味に解したが、日羅自身がそれを否定したことが示される。
⑥淡水が太子の意を呈して日羅を暗殺したことが暗示される。

　このうち、①においては太子の変装に日羅に近づくという目的だけではなく、毛人を惑わすという意味も付与されています。
　②と⑤において、日羅による太子の正体の見極めという点では元の説話と共通していますが、日羅が太子を人以外の何とみなしたかが言明されないため、読者は太子への崇敬とは別の感情を抱かされることになります。
　また、元の説話において日羅の口から出た「神人」はここでは淡水の解釈にのみ現れるものとされています。

③について、元の説話では太子の予言であったものが、ここでは殺意の表明とされます。
④について、元の説話では太子は日羅により観世音菩薩と認められたわけですが、ここでは元花郎の淡水から弥勒菩薩とみなされることになっています。
花郎は弥勒信仰とともに同性愛的な同志的感情によっても結ばれていた集団であり、これによって山岸は太子がそうした感情を喚起する存在であったことを暗示したことになるのです。

そして、⑥において、殺害実行犯である淡水は新羅人ですが、それを教唆したのは太子だったとしています。元の説話では、日羅は新羅人に殺されたが、その動機は新羅のためではない、という謎めかした表現が用いられていました。山岸はその証言と矛盾しない形でこの事件の「真相」を創作したわけです。

なお、『日出処の天子』のこの箇所において、太子による日羅への死の宣告は予言という扱いを受けてはいませんが、作品全体を通して見ると、太子の予言能力を示す描写は随所にみられます。そればかりか太子が予言以外の超能力をも使ったり、凡人には見えない鬼神を見たり、使役したりする箇所は全編にわたってちりばめられているのです。

太子について人間を越えた存在に描こうとすることにおいて、『日出処の天子』は『日本書紀』以来の太子説話の様式を受け継いでいます。いやむしろ、それを発展させたといってもいいくらいでしょう。

しかし、その超人的描写の意味付けは従来のものとまったく異なっています。従来の太子説話においては、太子が超人的な能力を発揮できるのは、仏・菩薩の加護を得ていたから、あるいは太子自身が仏・菩薩の化身にほかならないからという形で説明されていました。したがってそれらの説話を書き継ぎ、語り継ぐという行為はそのまま太子への（ひいては仏・菩薩）への信仰の表明となりえたのです。

しかし『日出処の天子』の太子の超能力は周囲にとっても太子自身にとってもありがたがられるものではありません。太子は自らの能力をうとましく思いながらも、権謀術数渦巻く宮廷で生き延びるために、その能力を行使し続けなければならないのです。

作中の太子は仏の教えを広めることに熱心ですが、それは仏教を人心掌握に利用するためであって、彼自身がその教えに救われることはありません。

なるほど、このような太子像が、信仰対象としての太子に対する冒瀆《ぼうとく》、と思う人が出てもおかしくはなさそうです。毎日新聞の記事はそのような思い込みから生まれた捏造でした。

また、このような太子像が自分たちの知っている「史実」と異なる、という疑問を抱く人もいるかも知れません。朝日新聞の記事中の池田、そしてその記事を書いた天野のいう「違和感」もそのようなものとして解釈できます。

しかし、そのような見方で『日出処の天子』を太子冒瀆の書と断じるのは、いかにも浅い理解でしょう。なぜなら、山岸氏が描く太子は現代の読者にとって、従来の太子説話の太子像よりも遙かに魅力的なキャラクターとなりえているからです。

この作品の太子は、自らとその一族の運命を予見しつつも、あえて仏の教えに依存することなく、自らの意思と能力によってそれに抗おうとするのです。

ところで太子の時代は『日本書紀』によれば凄惨な事件が相次いだ時期でもありました。穴穂部《あなほべ》王子暗殺、重臣・三輪逆《みわのさかし》暗殺、蘇我・物部《もののべ》戦争、そして崇峻《すしゅん》天皇暗殺……日羅が流した血もこの流血のテキスタイルに編み込まれた一筋の赤い糸にすぎません。

太子が奉じた仏法は殺生を禁じるものだというのに、なぜ、この時代はこんなにも血塗られているのでしょうか。

もちろん、以上挙げた事件についていえば、太子がまだ年少の頃に起きたものばかりであり、太子に止めるだけの力はなかったというのが本当のところでしょう。

だが、そうなると、太子が成長してから、なぜ、これらの流血の罪を責任者に問おうとしなかったのか、という問題が生じてきます。

『日本書紀』ではこれらの事件の多くが蘇我馬子によって引き起こされたものであると伝えています。だが、一方で同じ『日本書紀』が馬子を太子の治世における良きパートナー、というより太子の政策の実行者として伝えています。これでは、太子は馬子による犯罪の事後従犯と言われても仕方がないでしょう。いや、さらに言えば共犯の疑いも受けかねません。そもそも太子がいかに高邁な理想を持っていたにしても、彼は蘇我・物部戦争の勝利や崇峻崩御によって初めてその理想を現実の政治に結びつけるチャンスを得たわけです。つまり、それらの流血の最大の受益者が太子であったことは否定できないのです。

特に臣下による天皇弑逆《しぎゃく》は日本史上、他に類例のない大罪とみなした論者は古来多く、鎌倉時代の慈円《じえん》、江戸時代の林羅山《はやしらざん》、荻生徂徠《おぎゅうそらい》、山片蟠桃《やまがたばんとう》、平田篤胤《ひらたあつたね》などが、天皇弑逆を黙認した以上、太子も人倫に外れた一人だとして非難しています。

だからといって、太子に馬子を抑えたり、裁いたりするだけの実力がなかったとするなら、それは太子の偉大さに傷を認めることになってしまいます。

そのことは早くから気付かれていたらしく、『日本書紀』やその後の太子伝においては、蘇我・物部戦争における太子の戦勝祈願を特筆するだけでその他の流血沙汰における太子の立場は曖昧にされるか、事件そのものに触れないのが通例でした。

ところが山岸はあえて太子に罪を犯させることでその偉大さ

を強調することに成功したのです。『日出処の天子』の世界では、太子は流血を止められなかった無力な皇子ではありません。太子こそがそれらの流血を引き起こした張本人であり、その類なき能力で事態を常にコントロールしていた黒幕でもあったのです。

たとえば蘇我・物部戦争の描写。太子が自ら作った四天王の像を掲げ、蘇我側の勝利を祈願した、というのは『日本書紀』にすでに現れ、以後の太子伝にも踏襲されていった名場面です。そして、山岸がこの場面に与えたビジュアルの凄まじさは従来の説話を圧倒するものでした。さらに、そのあと、山岸は、太子が自ら手を下して、蘇我側の勝利を確実なものにする（そしてその太子の行為を毛人が結果として隠蔽する）場面をつけくわえてもいるのです。これは従来の太子説話にはない、山岸氏の純然たる創作です。さらにその場面には太子の次の述懐が加わります。

「わたしは血が見たい」「もう疲れた」「そなたの血を流しておしまいにしよう」

流血を求める太子など、従来の太子説話に登場することはありえませんでした。ところが、この場面があることによって、蘇我・物部戦争の勝敗を決定づけたのが太子であることを読者は改めて印象付けられるのです。その意思と能力において、山岸氏の描く太子は、従来の太子像を大きくしのぐものとなっています。

また、崇峻天皇暗殺事件においても、山岸氏の描く太子は中心的役割を果たしています。『日本書紀』で天皇暗殺の主犯とされる蘇我馬子は太子に焚きつけられて協力したにすぎないし、実行犯とされる東漢駒《やまとのあやのこま》にいたっては太子の謀略に巻き込まれて冤罪《えんざい》を着せられたも同然の扱いなのです。

太子の能力と意思を強調することにおいて、『日出処の天子』はそれ以前のいかなる太子説話をも凌いでいます。太子説話が太子の偉大さを誇張したものとみなすなら、『日出処の天子』こそ、その究極の形態であり、完成形といってもよいでしょう。

池田の太子像

山岸の描く太子にとって皇位も仏法も彼を縛る権威たりえません。彼は用命《ようめい》天皇を敬愛し、その崩御《ほうぎょ》に涙しましたが、それはあくまで人間としての父に対するものであって皇位の権威を認めてのものではありませんでした。

彼は、相次ぐ流血沙汰で怨霊《おんりょう》を恐れる人々のために仏法を広めはしますが、それが彼自身に救いをもたらす教えではないことをも承知しています。

このような太子像が可能になったのは山岸自身が天皇制や既成仏教による心理的束縛から自由だったからでしょう。日本にそのような作家が登場し、さらにその作品が広く受け入れられるには、戦後の意識変革が不可欠でした。

太子が予知や念力などいわゆる超能力を示す場面もありますが、その力は彼の能力のほんの一部にすぎません。その人間離れした能力のために彼は子供の頃から人に怖れられ、やがては孤独に耐える性格を形作っていくのです。

超能力者であるがゆえに周囲から孤立し、生き抜くための戦いを強いられる――こうした設定はオラフ・ステープルドンの『オッド・ジョン』、ヴァン・ヴォークトの『スラン』、ウィルマー・H・シラスの『アトムの子ら』などミュータント・超能力テーマのSFでしばしば見られるものです。

山岸は新しい太子像を造るためにSFをも取りこんだ、いや、むしろSFというジャンルに馴染んだ山岸だからこそまったく新しい太子像を作り出せたというべきでしょう。

しかし、伝統的な太子信仰にとっては、皇室の権威と既成仏

●**オラフ・ステープルドン『オッド・ジョン』**（矢野徹訳）１９６７　早川書房、１９７７年にハヤカワ文庫、現在入手不可。

●**アルフレッド・エルトン・ヴァン・ヴォークト『スラン』**（浅倉久志訳）（「世界ＳＦ全集」第17巻）１９６８　早川書房、１９７７年にハヤカワ文庫、現在入手不可。

●**ウィルマー・Ｈ・シラス『アトムの子ら』**（小笠原豊樹訳）１９５９　早川書房、１９８１年にハヤカワ文庫、現在入手不可。

教の権威のどちらも不可欠なものです。そして、日本の歴史においては、太子信仰こそが、その両者を結び付ける要の役割を果たしてきたのです。その意味で、山岸氏の太子像は伝統的な太子信仰の枠に納まりようがないものです。

また、山岸描く太子にとってその特殊な能力は恩寵と言うよりもむしろ呪いとして認識されています。呪われた太子というイメージは、伝統的な太子信仰とは相いれないようにも見えます。だからこそ、毎日・朝日の記者は伝統的な太子信仰のイメージにとらわれ、それぞれ問題の記事を書いてしまったのでしょう。

さて、『日出処の天子』は現時点における太子説話の完成形であるとすれば、その後に書かれた池田の『聖徳太子』はいかなる位置を占めると見るべきでしょうか。

池田は、しばしば太子が未来を予知し、あるいは霊や物の怪《もののけ》が浮遊するのを見る様を描いています。その描写には、明らかに山岸の影響が見て取れます。

しかし、池田の『聖徳太子』においては、そうした描写はあくまでマクガフィンにとどまっており、ストーリーそのものを進める力にはなりえていません。

たとえば、日羅登場の場面。大王（用明天皇）に謁見した日羅が、祖国（日本）に見捨てられた父のことを泣いて訴え、大王はいたたまれなくなって中座する。そのため、日羅がまさに殺されようとした時、太子は前に出て、日羅親子こそ真の愛国者だと弁じる。

太子と日羅の間には親愛の情が生まれるが、日羅は結局、百済人によって暗殺される。太子は日羅の危機を予感するがその惨劇を止めることはできない。刺客が放つ矢が太子にも迫るが、それは太子の一にらみを受けて空中に四散する……。

このあたりの展開は、『日本書紀』とも『聖徳太子伝暦』などの太子伝とも異なる池田オリジナルといっていいでしょう。

太子と日羅の間に芽生える感情は友情とも、日本を思うものとしての同士愛といってもいいものです。さらに太子がこの場面で予知や念力といった超能力を見せます。

にもかかわらず、その情感も超能力も日羅を救うためにまったく役にたたないのです。日羅との会見での太子を印象付けるもの、それは雄弁です（実際、中公文庫版『聖徳太子』第1巻の表紙では太子が日羅のために弁じる姿がとられています）。

池田が描く太子は、弁舌さわやかな理知的人物です。そして彼は理想を貫こうとしながら、理想主義の限界を知っている。一方、『聖徳太子』のストーリーでは、太子の理想主義と、時に対立し、時に補い合う現実主義者として、馬子が大きなウエートを占めています。

信じられない…！
百済にはこんなにもすばらしい技術があったのか！

見たこともない屋根の形
想像したこともない柱の組み方溝のつくり方…
これほどのすばらしい技術をもった百済の者たちを掌握している大臣《おおおみ》が
あれだけの自信と権勢をもっているのも当然だ……！
私はまだまだ現実の世界のことなど何もわかっていない…
この地上での力を手に入れると誓った以上
まだまだ大臣からは学ぶべきことはいっぱいあったのだ
（『聖徳太子』より、馬子による法興寺建立工事を見る太子のモノローグ）

あの方が幼い皇子であった頃……
思えばこの国には満足な律令制もなかったのだ……
それをあの方は我々の想像もつかぬ高い理想をかかげ
数々の英断をなし

改革をなしてこられた……
高すぎる理想のゆえにさぞかし苦悩も深かったことであろう
もうあのような方が二度とふたたびこの国にあらわれることがあるかどうか……
そしてあの方を失った蘇我家がはたしていつまでこの権勢を保っていられるか……
（『聖徳太子』より、太子の死の知らせを受け取った馬子のモノローグ）

『日出処の天子』における超人的能力の持ち主（というより「人にあらざる者」というべきか）である太子と、その掌の上で踊らされる馬子という構図に比べると、『聖徳太子』での、理想主義者・現実主義者の相互依存という構図の方が、読者にとってより身近でわかりやすいものであることは否めません。

太子と馬子に限らず、『聖徳太子』に登場する人物はいずれもわかりやすい感情と、理性的な計算とに基づいて行動する傾向があります。そこには『日出処の天子』での太子がもっていたような、言い知れぬ恐ろしさは入り込む余地はありません。そうした人間像は古代日本というよりも近代ヨーロッパのドラマにこそふさわしいようにも思えます。

『聖徳太子』は、いかにも『ベルサイユのばら』の著者らしい見地から描かれた太子伝だといえるでしょう。池田は、近代ヨーロッパを舞台にした群像劇の経験を生かし、太子を一個の近代人として造形しました。それは、伝統的な太子伝とも、山岸が造形した「人にあらざる者」としての太子とも異なる独自の選択です。

近代以降の人間である私たちにとって、池田が描く太子は、もっとも感情移入しやすく、親近感を抱きやすい太子像である、ということは確かに思われます。

●梅原猛『隠された十字架　法隆寺論』→第1章

地獄を揺るがす太子

さて、１９７０年代には、聖徳太子に対する一般的イメージを塗り替えるような2冊の本が出ています。法隆寺は天武政権が太子とその一族の怨霊を鎮めるために建てたと唱える梅原猛『隠された十字架』（１９７２）と、太子は単なる理想主義者にとどまらずその理想を実現に導くための剛毅さと戦略を持つ人物だったとみなす上原和『斑鳩の白い道のうえに』（１９７５）です。

山岸描くところの太子にはこの二人の影響が強かったことがうかがえます。山岸自身は『日出処の天子』連載終了後に梅原と行った対談の中で、「すべては先生の御本に教えていただいたようなもので」「本当の発端は先生の『隠された十字架』を拝読して、聖徳太子があまりに怖い人だと思ったものですから、こういう怖い人と一度自分でも取り組んでみたいとい

●**上原和『斑鳩の白い道のうえに　聖徳太子論』** １９７５　朝日新聞社、１９７８年に朝日選書、１９８４年に朝日文庫、１９９２年に講談社学術文庫、現在入手不可。

うことになったんです」と語り、梅原も「いやあ、山岸さんはぼくの一番の愛弟子なのかも知れませんね」と答えています（梅原・山岸「〝聖徳太子〟から解放されて」『青春と読書』1984年6月号、白泉社文庫版『日出処の天子』第3巻、1994、抄録）。また、自らの意思で運命を切り開こうとする太子像には上原の影響も受けていることがうかがえます。

　一方、池田描くところの太子は当時、世間に流布していた太子像から、梅原、上原の影響をいったんリセットした上で太子を近代的人物として再造形したものといえるでしょう。

　しかし、『日出処の天子』も『聖徳太子』も、生前の太子を描くものです（『日出処の天子』の続編『馬屋古女王』は太子没後の物語ですが、物語を動かすのは太子の怨念ではなく、太子の娘・馬屋古の妄執です）。

　梅原が提示した、法隆寺鎮魂説を下敷きに、没後の太子を怨霊として扱った作品はないものでしょうか。実は、その数少な

●**山岸凉子『馬屋古女王』**1984年11月号『月刊LaLa』1985年8月号～9月号『ASUKA』掲載、1986年に角川書店あすかコミックス・スペシャル、白泉社文庫『日出処の天子』第7巻所収（1994）。

●**滝沢解原作・ふくしま政美画『超劇画　聖徳太子』**全3巻　1999　太田出版。

い実例といえるのが、滝沢解原作・ふくしま政美画『超劇画聖徳太子』（1977〜78）です。

この作品は死後、その一族を滅ぼされたことを恨む太子が、現世に蘇って復讐せんと目論むというものです。そのため、太子は生者と死者とを隔てる理を破り、地獄の閻魔《えんま》大王から追われる立場になる。しかし、太子は閻魔を相手に果敢に戦い、閻魔と釈迦《しゃか》の間に核戦争を起こさせるは、亡者を扇動してクーデターを起こすは、クローン技術によって作った自分の分身の巨大ロボットを起動させるは、と霊界を舞台に大暴れするのです。

この作品には、核兵器や巨大ロボットだけではなく、人工衛星や原子炉まで登場し、滝沢・ふくしまコンビのイマジネーションを遺憾なく発揮した怪作にしあがっています。

惜しむらくは、この作品は、太子の霊界での活躍の影響がようやく現界に現れ始めたことを暗示するくだりで、突然、「未完」の表示が現れ、尻切れトンボに終わっていることでしょうか。

後年、大泉実成が、ふくしまから聞いたところによると、この突然の完結は「ふくしまが滝沢解の出してきたキャラクターをどうしても書きたくなくなったからだ」とのことです。また、宇田川岳夫は「狂気の世界に参入してしまったふくしま政美が、もはやこれ以上の地獄を描くことに耐えきれず、作品を途中で投げ出してしまった」と推測しています（『超劇画　聖徳太子』　１９９９　太田出版、巻末での解説ページより）。

あるいは、滝沢のイマジネーションの暴走が物語そのものを破綻させるところまでいきつき、それまでそのイマジネーションに形を与えてきたふくしまも、ついに匙を投げた、というのが本当のところかも知れません。

もともとが青年誌に掲載された作品でもあり、生々しい性描写やスプラッタ描写が苦手な人は辟易するかも知れませんが、が、70年代劇画の熱気を味わうには必読の一冊といえるでしょう。

なお、サブカルチャーにおける太子の扱いで、かわったところでは特撮番組『世界忍者戦ジライヤ』（1988〜89）に登場する地雷神があります。

全50話のうち6エピソードに登場し、最終回では主人公を助けて決戦に臨んだこの巨大ロボは、世界の秘宝「パコ」を守るために聖徳太子が建造し、地底深くに封印したものだったのです（ちなみに「パコ」の正体は最終エピソードでようやく判明します）。

『超劇画　聖徳太子』といい、『世界忍者戦ジライヤ』といい、太子は巨大ロボをよく作らされるようですが、これについては面白い暗号があります。旧暦1月、太子講といって大工や職人の寄り合いで聖徳太子を祀る習慣がありますが、これは古来、太子が職人の守り本尊として信仰されてきたからでした

●『**世界忍者戦ジライヤ**』1988年1月24日〜89年1月22日、テレビ朝日系で毎週日曜日9時30分〜10時に全50話放送。東映制作の特撮テレビ番組。メタルヒーローシリーズ第7弾。

（近松門左衛門の浄瑠璃にも太子講の起源を題材にした『用明天皇職人鑑』という作品があります）。

太子が職人すなわち技術者の守り神的存在だとすれば、サブカルチャー世界における技術の象徴とも言うべき巨大ロボットのために太子が尽力するのは当然かも知れません。

最近の作品では、増田こうすけの漫画『ギャグマンガ日和』（２０００〜連載中、テレビアニメ化作品２００５〜）における太子と小野妹子の脱力漫才コンビも印象深いところです（ちなみにこの作品の太子、妹子とともに自ら隋に赴いたり、ドゥ・イット・ユアセルフで法隆寺を建てようとしたり、と史実以上にアクティブな面もあります）。

●**近松門左衛門『用明天皇職人鑑』** 宝永2年（１７０５）初演、竹本座の座元が竹田出雲に替わって初の顔見せ興業。

●**増田こうすけ『ギャグマンガ日和』** ２０００年1月号〜２００７年7月号『月刊少年ジャンプ』２００７年12月号〜『ジャンプスクエア』連載中。現在集英社ジャンプコミックスで9巻まで。

第14章 フィクションの中の「キリスト伝説」

ヤマトタケル、キリスト教?に出会う

青森県新郷《しんごう》村に「キリストの墓」と呼ばれる十字架が立った塚がある……このことは雑誌やテレビでもしばしば取り上げられているのでご存じの方も多いでしょう。

新郷村はかつて戸来《へらい》村と呼ばれたが、この名は「ヘブライ」に由来する、イエス・キリストはエレサレムで十字架にかかった、とされているが、実は彼は弟イスキリを身代わりにして生きのび、復活劇を演出した後、日本に来て戸来太郎天空と名乗って余生を過ごした。これが新郷村に伝わる?キリスト伝説

の概略です。

　もっとも、この「伝説」は古くからその地にあったわけではありません。その発端は1935年、村興しのための企画を求めて、当時の村長らが鳥谷幡山《とやばんざん》という画家に相談したことにあります。鳥谷は、その村にある大石神山はピラミッドではないか、と考えていたため、それを「実証」すればむらのためにもなると、さっそくピラミッド日本発祥説を説く新興宗教・天津教教祖の竹内巨麿《きよまろ》を招きました。そして、巨麿は、その山がピラミッドであるだけでなく、近くにある塚がやはり重要な古跡だと言いだしました。

　いったん天津教本部に戻った巨麿は、自分の家に伝わる古文書の中から「キリストの遺言状」が見つかった、と発表しました。そして、その「遺言状」に基づき、戸来村の塚はキリストのものであると「証明」されたのです。塚の上に十字架が建てられたのは、当然、その後のことです。こうして「キリストの

■鳥谷幡山（1876～1966）画家。「キリスト伝説」研究者。『十和田湖を中心に神代史蹟たる霊山聖地の発見と竹内文献実証踏査に就て併せて猶太聖者イエスキリストの天国たる吾国に渡来隠棲の事績を述ぶ』（1936）をはじめ「キリスト伝説」関係の著書多数。

●鳥谷幡山『十和田湖を中心に神代史蹟たる霊山聖地の発見と竹内文献実証踏査に就て併せて猶太聖者イエスキリストの天国たる吾国に渡来隠棲の事績を述ぶ』1936　新古美術社、現在入手不可。

■竹内巨麿（1875?～1965）天津教教祖。『竹内文書』伝承者。くわしくは拙著『「古史古伝」異端の神々』参照。

●原田実『「古史古伝」異端の神々』→第5章

墓」は戸来村の重要な観光資源となりました。現在、新郷村では毎年6月にキリスト祭りが開催され、その見物のために全国から観光客が訪れます。村興しのアイデアを鳥谷と巨麿に求めた狙いはある意味、正鵠を得ていたといえるでしょう。

ちなみに巨麿が自分の家に伝わった古文書だと主張した文献は『竹内文書』と総称されています。「キリストの遺言状」もその『竹内文書』の一つというわけです。

佐々木守が、テレビ番組で「キリスト伝説」をレポートしたことは先述した通りです。

また、1976年、大陸書房から武内裕の著書『日本のキリスト伝説』が刊行されています。1975年には、「キリスト伝説」調査の古典ともいうべき山根キクの著書『キリストは日本で死んでいる』新装版が、たま出版から出されています。

この二つの本が出ることでこの時期、「キリスト伝説」を創作に用いるための資料が容易に入手できるようになりました。

●**武内裕『日本のキリスト伝説』**1976 大陸書房〈ムーブックス〉、現在入手不可。

■**山根キク**（1893〜1965）「キリスト伝説」研究者。主著に『光りは東方より』（1937）、『キリストは日本で死んでいる』（1958年初版）、『世界の正史』（1964）などがある。

●**山根キク『キリストは日本で死んでいる』**1958 平和世界社、1975年にたま出版、現在は『キリストは日本で死んでいる―かつて日本中を震撼させた宇宙考古学の原典』（1994）のタイトルでたまの新書（たま出版）で入手可能。

ゆうきまさみ『ヤマトタケルの冒険』では、ヒロインの一人、オトタチバナが初登場時、いきなりヤマトタケル一行に「くいあらためよ」「あなたは神を信じますか」と問いかけ、さらに熱っぽく「神はこの宇宙に唯一人であらせられます」と教えを説きます。それがきっかけで彼女はその一行と東国への旅を共にすることになります。

これはこの作品が描かれた1980年代におけるキリスト教伝道者の一般的イメージを露骨に反映したものです。この作品においてはオトタチバナの入水もキリスト教的な自己犠牲の精神によるものとされています。

ずっと　北の方に　ヘライという村があります
そこに　10代目イエス様という偉大な方がいらっしゃいます
その方が　わたしたちを　導いて下さるのですよ

●**山根キク（著者名・山根菊子）『光りは東方より［史実］キリスト、釈迦、モーゼ、モセスは日本に来住し、日本で死んでゐる』**　1937　日本と世界社、1940年に日本と世界社から『光りは東方より　釈迦の巻』『光りは東方より　キリストの巻』、1988年に八幡書店から『光りは東方より』、現在入手不可。

●**山根キク『日本に秘められてある　世界の正史』**　1964　平和世界社、現在入手不可。

●**ゆうきまさみ『ヤマトタケルの冒険』**→第10章

（『ヤマトタケルの冒険』、オトタチバナの台詞より）


この作品では、ヤマトタケルはオトタチバナの教えに入信することはないものの、その出会いをきっかけに、それまでキリングマシーンとして生きてきた彼の心にはじめて葛藤が生まれる、という展開がなされています。

いわば、オトタチバナの説く疑似キリスト教は、ヤマトタケルという古代的英雄に近代的自我を与えるための装置となっているわけです。そして、「キリスト伝説」はその装置を導入するための糸口として取り入れられています。

しかし、この作品での「キリスト伝説」の扱いは肯定的な方です。他の多くの作品では「キリスト伝説」はむしろキリスト教が抱える矛盾をあぶりだすために用いられている感がありま す。

人類の敵・天空坊

「キリスト伝説」を用いて、暗にキリスト教批判を行った作品としては、たとえば、飯森広一の劇画『60億のシラミ』（1979～81）があげられます。

この作品は、中国の古典『水滸伝《すいこでん》』の舞台を（当時から見て）近未来の日本に移し、氷河期到来を前に一人でも多くの人を救おうとする人々（彼らの名前は梁山泊《りょうざんぱく》の英雄の名をもじったものになっています）と、この機会に人類を滅ぼしてしまおうとする勢力との戦いを描いたものです。そして、その後者の方のリーダーが「天空坊」と名乗っているのです。天空坊の正体については、作中の民俗学者が『竹内文書』に言及する個所もあり、キリストの再来であることは明らかとされています。

天空坊は官僚や科学者に転生した十二使徒を操り、その目的を果たそうとします。皮肉なのは、十二使徒たち自身は自分に

■**飯森広一**　劇画家。代表作に『ぼくの動物園日記』（西山登志雄・原作）『レース鳩0777』『アイン』『希望の伝説』など。2008年5月14日逝去。

●**飯森広一『60億のシラミ』**秋田書店少年チャンピオンコミックス全5巻（1979～80）。

与えられた使命を知らず、むしろ人類を救おうとする善意から、かえって滅びへの道を切り開いてしまうのです。

つまり、この作品では、キリストはむしろ人類を滅ぼそうとする側に立っているわけです。この設定には飯森の聖書理解の鋭さがうかがえます。とはいえ、キリスト教文化圏ではとても容認されないような設定なのも確かでしょう。

なお、『60億のシラミ』について、日本での『水滸伝』二次作品で吉川英治以来、初めて梁山泊108傑を総登場させた、という説がありますが、実際には80人までしか出てはいません。実際にその偉業を成されるには吉岡平の小説『妖世紀水滸伝』(1990〜)の出現を待たなければなりませんでした。

この作品の初出は『月刊少年チャンピオン』でしたが、この作品の連載当時、同誌には諸星大二郎『マッドメン』シリーズも掲載されており、コアなSF、ファンタジーのファンにとって必読となっていた感があります。

■聖書理解　キリスト教の教典である『旧約聖書』『新約聖書』は、日本人にはありがたい本として受け取られがちだが、実際には、神の愛を説く箇所だけではなく、神の名による大量殺戮を容認(あるいは奨励)する記述もあり、キリスト教文化圏では、古来、それによって正当化された蛮行は数知れない。

特に『新約聖書』の末尾を飾る黙示録は、神から断罪された人類の大多数が絶滅した後、選ばれた少数の者のみが、山も海も森もない新しい天地に迎えられる、という内容で現代人から見れば、むしろディストピアへの誘いである(もっとも黙示録の内容に違和感を抱くのは現代人だけではなかったようでルター派プロテスタントのように黙示録を正典から外した宗派もある)。

また、聖書はキリスト教の教典というだけではない。ユダヤ教は『旧約聖書』を、イスラム教は『コーラン』とともに『旧約聖書』『新約聖書』をそれぞれ教典としている。この三つの宗教の信者たちの間で、歴史上、いくども流血沙汰がくりかえされた要因には、聖書のそうした記述もあるといってよい。

　しかし、１９８１年末に同誌は誌面刷新を図り、マニアックな作品は一掃されてしまいました。そのため、『60億のシラミ』は打ち切り同然の結末を迎えてしまったのです。１０８傑勢ぞろいがならなかったのはそのためです（ちなみに『マッドメン』同誌掲載分も、終盤の展開は慌ただしいものになっています）。

　不遇の作品ではありますが、物語のスケールの大きさといい、設定の文明批評要素といい、今後、大いに再評価されるべき傑作といえるでしょう。

　ところで、『日本のキリスト伝説』の１１７ページには次の記述があります。

　日本の超古代文明を伝える書物として、『竹内文献』以外にも、『上津文』『宮下文献』『秀真伝』などが知られているが、これらはすべて同じ〝万世一系の天皇家〟という

●**吉川英治『新・水滸伝』**全６巻　１９６０～６３　講談社、現在は吉川英治歴史時代文庫全４巻（１９８９　講談社）で入手可能。

●**吉岡平『妖世紀水滸伝』**14巻＋番外編１巻　１９９０～９５　角川文庫、現在入手不可。

誤謬を含んでいる。

『60億のシラミ』でも、作中で「キリスト伝説」を説明する民俗学者が『竹内文書』以外の「古文書」を上げる場面がありますが、その書名、挙げる順番、表記はいずれも『日本のキリスト伝説』のこの文章と一致しています。飯森が『日本のキリスト伝説』を読んだことは間違いないでしょう。また、飯森は他に、山根キクの『キリストは日本で死んでいる』も参照した、と推定できます。

ルパン三世にまで登場

「キリスト伝説」はアニメ『ルパン三世』第二期、いわゆる赤ルパンの1エピソードのモチーフにも用いられています。第34話「吸血鬼になったルパン」（1978年5月29日放送）で

●**諸星大二郎『マッドメン』**　1975年8月増刊号『月刊少年チャンピオン』に「マッドメン」掲載、1979年No.3『マンガくん』に「鳥が森に帰る時」、1979年8月増刊号『月刊少年チャンピオン』に「ペイ・バック」、1980年2月号〜82年1月号『月刊少年チャンピオン』に「オンゴロの仮面」〜「大いなる復活」掲載、秋田書店少年チャンピオンコミックス全2巻（1981〜82）、秋田コミックセレクト（1985）、ちくま文庫（1991）、中央公論社中公愛蔵版（1993）、創美社ジャンプスーパーエース全2巻（2000）、創美社コミック文庫全2巻（2006）。書影は中公愛蔵版。

す。この作品の舞台は東北の寒村。ルパン一味は、キリストが日本に持ってきたという母親の像（つまり世界最古の聖母マリア像）をめぐって騒動を起こします。

日本に来たのはキリストだけではなかった。実はキリストの姉は吸血鬼となっており、弟とともに日本で復活の機会をうかがっていた。知らずに近づいたルパンは女吸血鬼の毒牙にかかり……という内容で、これもまたキリスト教文化圏ではまず容認されない話になっています。

もっとも、西欧の吸血鬼伝説にはキリスト教教義のパロディとしての面もあり、その要素を巧みに取り組んでいる、といえなくもありません。

この作品のシナリオを担当した宮田雪（１９４５〜）はアニメ『ルパン三世』第一期、第二期では御馴染みのライターです。第二期第１２０話「フランケンシュタイン、ルパンを襲う」（１９８０年1月28日）では、フランケンシュタインの怪

●**『ルパン三世』** 原作モンキー・パンチ。〈第1シリーズ〉１９７1年10月24日〜７２年3月23日、日本テレビ系列で毎週日曜日19時30分〜20時に全23回放送。〈第2シリーズ〉１９７7年10月3日〜８０年10月6日、日本テレビ系列で毎週月曜日19時〜19時30分に全１５５話放送。〈第3シリーズ〉１９８4年3月3日〜８５年12月25日、日本テレビ系列で毎週土曜日19時〜19時30分に全50話放送。劇場用アニメ、長編テレビスペシャル、ＯＶＡ、ゲームなど多数。

物の弱点として「賢者の石」を持ち出しており、そのモンスター趣味とオカルト趣味の片鱗を示していました。

ちなみに宮田は1978年に、アメリカでネイティブ・アメリカンの権利回復を求める催し「ロンゲスト・ウォーク」に参加。1986年には映画『ホピの予言』を制作し、近代科学文明・西欧文明中心の歴史観に対する批判的視点を打ち出しました。

宮田が『ルパン三世』の題材に「キリスト伝説」を取り上げたのも、単にネタ拾いというだけでなく、文明批評的な関心から来たものだったのかも知れません。

生命の木

しかし、日本の「キリスト伝説」に材を得た（と思われる）作品の中でも、最高傑作を上げるとすれば、やはり諸星大二郎

●**ドキュメンタリー映画『ホピの予言』**1986年にランド・アンド・ライフ制作75分、監督宮田雪。

「生命の木」（1976）となるでしょう。

この作品の冒頭には、「東北の隠れキリシタンに伝わる『世界開始の科《とが》の御伝《おつた》え』」という架空の教典が登場します。そのモデルは、作中でも言及されている『天地始之事《てんちはじまりのこと》』でしょう。それは、長崎県の外海地方の隠れキリシタンに伝わった日本語の聖書異本ですが、カトリックの正統教義では父（なる神）子（なるキリスト）聖霊とされる三位一体が、天帝・じゅしきりひと（キリスト）さんた丸屋（聖母マリア）のこととされるなど、密かに書き継がれ語り継がれるうちにさまざまな変形を遂げた内容となっています。

「生命の木」は、そうして変形された（と思われた）聖書異本が実は真実を語っていた、という転倒を描いた作品です。

さて、山根キクは前掲書で、キリストの墓だけではなく、『旧約聖書』創世記の「エデンの園」も十和田湖畔にあったと主張していますが、「生命の木」はまさに「エデンの園」が日

●**諸星大二郎「生命の木」**　1976年増刊8月号『週刊少年ジャンプ』に掲載。集英社ジャンプスーパーコミックス『妖怪ハンター』（1978）所収、集英社ジャンプスーパーエース『妖怪ハンター』（1988）所収、集英社ヤングジャンプ愛蔵版『海竜祭の夜　妖怪ハンター』（2001）所収、集英社文庫『妖怪ハンター　地の巻』（2005）所収。

本にあった、というのをオチとする物語でもあります。

また、先に述べたように、「キリスト伝説」は昭和期に突然現れたもので江戸時代以前のキリシタンとは何の関係もないのですが、キリストの墓が観光目的でさかんに宣伝されるうちに、それが隠れキリシタンの遺跡ではないか、という誤解も次第に世に広まりました（たとえば斎藤守弘が1974年に著した怪奇実話集『失われた世界の謎』では青森県の「キリストの墓」と「エデンの園」を紹介したくだりで「隠れキリシタン一族のかくれ里だったのだろうか」とあります）。

作中の聖書異本のモデルが長崎に伝わっていたにも関わらず、諸星がその舞台に九州ではなく、東北を選んだのは、やはり「キリスト伝説」の存在を意識してのことでしょう。

つまり、この作品の舞台のモデルは実在の隠れキリシタンの村ではなく、新郷村だったと思われるのです。

なお、この作品に登場する神父は登場人物のある行為に対し

●**斎藤守弘『失われた世界の謎』**1974 大陸書房、現在入手不可。

て「冒瀆だ！」と言い放ちます。この作品はキリスト教における原罪とキリストの贖罪死、そして復活という教義のパロディであり、神父は作中人物の立場からそのことを指摘していますこれは諸星が、この作品のパロディ的要素をきちんと自覚していたことをも示しています）。

日本の「キリスト伝説」もまた、贖罪死の教義を否定し、復活の教義を茶番として解釈する要素を含んでいます。カトリックに限らず、キリスト教のほぼすべての宗派（キリスト教系信仰宗教の一部を除く）から見て、新郷村の観光案内はまさに冒瀆的な内容といえます（当の新郷村での担当者たちがそれをどこまで自覚しているかは心もとないのですが）。

「生命の木」に限らず、本章で紹介した作品の作者たちは、いずれも「キリスト伝説」が正統的キリスト教教義のパロディになっていることを見抜き、それぞれのやり方でそれを発展させたとみなすことも可能でしょう。

■原罪、贖罪死　原罪とは最初の人アダムが神との契約に背くことで全人類が等しく背負った罪。キリストは云われなき罪によって死に、その血によって原罪を贖ったとする。その証となるのがキリストの死後の復活である。だから、人が原罪から救われるにはキリストの血の清めを受け入れなければならない。これはキリスト教特有の教義である。だから、イエス・キリストが死を偽装して生きのびた、という「キリスト伝説」はキリスト教の教義と根本的に対立するものとなる（なお、一部の新興宗教には「キリスト教」を称しながら贖罪死の教義を否定するものもある）。

なお、「生命の木」は１９９５年、『奇談―キダン―』というタイトルで劇場映画化されています（小松隆志監督）。読んだ者なら決して忘れることができない、あの壮絶なクライマックスもこの映画で見事に映像化されました。

●**『奇談ーキダンー』**２００５年11月19日公開、84分。原作諸星大二郎「生命の木」、監督脚本小松隆志、出演藤澤恵麻・阿部寛。

第15章 稗田礼二郎と宗像伝奇

伝奇劇画の二大ヒーロー

小説における伝奇ロマンを劇画にとりこんだ先達として特記すべき人物が諸星大二郎と星野之宣であることは、誰しも異論がないところでしょう。そして、そのジャンルにおいて、稗田《ひえだ》礼二郎《れいじろう》は諸星作品を、宗像伝奇《むなかたただくす》は星野作品を代表するシリーズ・キャラクターです。

もっともそのデビューの時期はかなり離れています。稗田先生のデビューが諸星のメジャーデビュー直後の1974年だったのに対し、宗像教授は星野がすでに押しも押されもせぬ大家になっていた１９９５年のことです。

稗田先生が永遠の青年といった容貌で、宗像教授が貫録ある壮年なのは、それぞれがデビューした時の作者の年齢を反映したためでしょう。ちなみに宗像教授の原型と思われるキャラクターは『ヤマトの火』における熱雷草作《あたらいそうさく》ですが、この作品の視点人物は草作本人ではなく、その息子の岳彦となっています。岳彦は当時の作者とほぼ同年配でした。

稗田先生のプロフィールについては、本書で先述した通りです。彼の登場するシリーズは「妖怪ハンター」と銘打たれていますが、初期の一部の作品を除いて、彼の役割はハンターというよりウォッチャーといった方が適切でしょう。彼はしばしば主人公を別の人物に譲り、自らはその相談役に徹することさえあります。シリーズにおける準レギュラーには、ある事件がきっかけで調査協力者となった薫と美加の兄妹、海岸の町・栗木でしばしば海の怪がらみの事件にまきこまれる高校生カップ

●星野之宣『ヤマトの火』→第6章

●諸星大二郎「妖怪ハンターシリーズ」　稗田礼二郎を主人公とする「妖怪ハンター」シリーズのコミックとしては１９９０年代までに『妖怪ハンター』（１９７８）『天孫降臨』（１９９３）『黄泉からの声』（１９９４）『海竜祭の夜』（１９８８）『六福神』（１９９８）が刊行された。２００５年にはこれらの収録作品をまとめた文庫版『妖怪ハンター』地・天・水全3巻、２００7年にはいわゆるコンビニ本としてリミックス版『妖怪ハンター』地・天・水全3巻が刊行されている。

今のところ同シリーズの最新コミックとされるのは『稗田のモノがたり　魔障ケ岳』（２００５）である。

なお、実写映像化作品としては塚本晋也監督『ヒルコ　妖怪ハンター』（１９９１）、小松隆志監督『奇談―キダン―』（２００５）がある。前者については、沢田研二演じる稗田がイメージに合わない、との声が高く、その分、後者で稗田を演じた阿部寛が得をした感もある。

ルの大島と渚らがいます。

また、一時期は彼のライバルともいうべき異端の民俗学者・橘も暗躍していましたが、ある事件で退場しました。

なお、同じ作者による別シリーズ『栞《しおり》と紙魚子《しみこ》』のあるエピソードで、段先生が歴史にかんする蘊蓄《うんちく》を傾けようとした時、一コマだけ稗田先生の顔マネをしているのはファン周知のトリヴィアでしょう（未読の方はぜひ探してみて下さい）。

宗像教授と忌部神奈

宗像教授は東亜文化大学で教鞭をとる博識の研究者。専攻は民俗学ですが、本人はむしろ考古学や比較神話学の方に関心があるようです。実家は福岡県・宗像大社摂社・海照火明神社の宮司家。彼の姪にあたる瑞《たぎり》・樹《いつき》・瀧《たき》の美人三姉妹が巫女として神社を守っています。一応、彼のライバルともいうべき人物と

●諸星大二郎『天孫降臨』1993 集英社ヤングジャンプコミックスワイド。

●諸星大二郎『黄泉からの声』1994 集英社ヤングジャンプコミックスワイド。

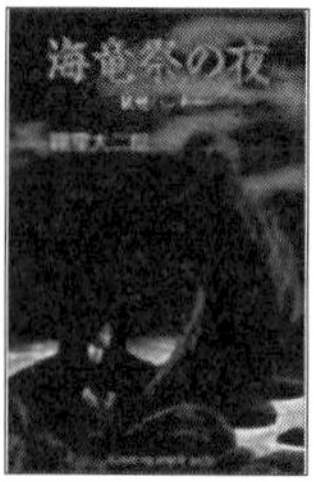

●諸星大二郎『海竜祭の夜』1988 創美社ジャンプスーパーエース。

しては忌部捷一郎《いみべしょういちろう》がいます。捷一郎は宗像教授のデビュー・エピソードである「白き翼・鉄《くろがね》の星」にすでに登場、初対面の宗像教授からいきなり「テレビで見た顔だ、派手な仮説が売り物の歴史屋だな」と言われ「あらま ごあいさつ 商売敵という言い方もありますけど」と切り返しています。

　もっとも、捷一郎は最初から宗像教授の引き立て役に設定されたキャラクターだったため、宗像教授のキャラが立ってきて引き立て役が必要なくなるとともに出番も少なくなっていきました。

　星野作品におけるもう一人のシリーズ・キャラクターには忌《いみ》部《べ》神奈《かな》がいます。彼女は2001年デビュー、2005年に彼女単独の作品を集めた単行本『神南火《かむなび》』が刊行されました。神奈は雑誌記事の取材のために各地の遺跡をめぐるフリーライター、宗像教授を彷彿とさせる博識と歴史の真相探求のための強い意志を持った妙齢の美女です。肩書は女性史研究家なが

●諸星大二郎『六福神』1998　集英社。

●諸星大二郎『稗田のモノがたり　魔障ケ岳』2005　講談社。

●諸星大二郎『栞と紙魚子』1995～『ネムキ』に連載、眠れぬ夜の奇妙な話コミックス（1996～2007）で現在6巻まで、

ら、神木鑑定家や温泉評論家の名刺も持ち歩いています。

ところで彼女がデビューした時、その「忌部」という姓に「おや」と思った読者も多かったのですが、２００５年からは宗像教授シリーズに登場、捷一郎の妹であることが判明しました。現在では、神奈は頼りない兄にかわって宗像教授と張り合ったり、協力しあったりする間柄で、捷一郎の影はますます薄くなっています。

さて、同じ探究者であっても、稗田先生は異界への入口となる遺跡やその扉を開ける鍵となるような遺物に引きつけられる傾向があるのに対し、宗像教授は全地球的規模での現象の中に目の前の遺跡なり遺物なりを位置づけようとする傾向があるようです。その発想の違いを読み比べるのも一興でしょう。

稗田先生のデビューからすでに34年、宗像教授のデビューから13年、「妖怪ハンター」シリーズ、「宗像教授」シリーズとも今もなお新作が発表され続けています。稗田先生と宗像教授の

朝日ソノラマコミック文庫（２００３）で現在3巻まで。

●星野之宣「宗像教授シリーズ」 １９９５～９９年に『月刊コミックトム』および『月刊コミックトムプラス』に連載した『宗像教授伝奇考』と、２００４年～『ビッグコミック』連載の『宗像教授異考録』。『宗像教授伝奇考』は潮出版社希望コミックス全6巻（１９９６～９９）、潮漫画文庫全7巻（２００４）、小学館ビッグコミックススペシャル全8巻（２００７～０８）、『宗像教授異考録』は小学館ビッグコミックスペシャルで現在8巻まで。

二人にとって、真のライバルは同シリーズの作中人物ではなく、お互い同士なのかも知れません。

●星野之宣『神南火』『ビッグコミック』掲載、２００１～０４年２００４年に小学館ビッグコミックスペシャル。

あとがき

これは、一種のはめ絵遊びです。古代史の材料を片っぱしからぶち込み、その一つ一つを関連づけながら事件が展開し、最後に全体を眺めると、ダリの二重像の絵のように全然別の新しい絵が浮かび上がってくる……そういった緻密で壮大なジグソー・パズルをやってみたかったのです。—諸星大二郎（ジャンプ・スーパー・コミックス版『暗黒神話』の表紙カバー見返しより。1977年）

私が古代史に関心を持ったのは1970年代半ばのことだった。その要因はいろいろとあるが、その一つに諸星大二郎や星野之宣の劇画の影響があったことは否定できない。

今にして思えば、当時の古代史ブームは、プロアマ問わず、古代史の材料を用いてのジグソー・パズルを作っては互いにその出来を競いあうという一大イベントだったのかも知れない。そして、私もそのイベントに参加しようと志したわけだ。

社会的に共有されるような歴史観は、教科書や研究書だけで形成されるものではない。それ以上に大きな影響をもたらすのは、その社会において流行しているフィクションの方だ。現在、30代以下の人には想像しにくいだろうが、1960年代から1980年代にかけてNHKの大河時代ドラマが日本人の歴史常識を形作っていたような状況が確かにあったのだ。

フィクションの重要性に着目すれば、現在、広く享受されているコミック、アニメ、ゲームなどにおける歴史的描写が人々の歴史観形成にいかなる影響を及ぼしてきたかは興味深いテーマとなりうる。

そして、その作業のためには、個々の作品についてその歴史像の特徴や他の作品のそれとの共通性を分析する作業が必要になるだろう。本書がそのためのフォーマットを提供できたなら、それに過ぎる喜びはない。

なお、本書では日本神話および7世紀前半までの日本古代史を扱った作品を主に対象としたため、海外の古代文明を扱った作品や、奈良・平安時代を対象にした作品の多くを対象から除外した。それらについてはまた取り上げる機会が得られれば幸いである。

また、本書の著述を通じて、私は自身の歴史観がいかに形成されてきたかを改めて見直すことができた。これは今後の研究活動に必ずや役立つことだろう。この機会を与えて下さったビイング・ネット・プレス各位、特に編集を担当された髙松完子さんに深く感謝するものである。

２００８年７月７日

（サー・アーサー・コナン・ドイルと円谷英二大人の生誕記念日に）

原田　実

原田実 Harada Minoru

1961年、広島市生まれ。龍谷大学文学部卒業、出版社勤務、広島大学研究生、昭和薬科大学助手を経て郷里で執筆活動を続ける。元「市民の古代」研究会代表。と学会会員。

主著『幻想の超古代史』『幻想の津軽王国』『幻想の荒覇吐秘史』『幻想の多元的古代』（以上、批評社）、『怪獣のいる精神史』（風塵社）、『黄金伝説と仏陀伝』（人文書院）、『ヨシノガリNOW』『邪馬台国浪漫譚』（以上、梓書院）、『トンデモ日本史の真相』『トンデモ偽史の世界』（以上、楽工社）、『「古事記」異端の神々』『「古史古伝」異端の神々』『読める書ける 使える 図説神代文字入門』（以上、ビイング・ネット・プレス）、その他、著書・論考多数。

HP：「原田実の幻想研究室」
http://www8.ocn.ne.jp/~douji/

日本の神々をサブカル世界に大追跡
古代史ブーム・データブック

2008年10月25日　第1版発行

著者―――――原田実
発行者――――野村敏晴
編集―――――高松完子
発行所――――株式会社 ビイング・ネット・プレス
〒151－0064
東京都渋谷区上原1－47－4
編集・営業／電話03－5465－0878
FAX03－3485－2004
造本―――――須藤康子
DTP―――――B's 伊藤文治＋島津デザイン事務所
印刷・製本――株式会社三秀舎

ISBN978-4-904117-08-8 C0095 Printed in Japan
http//:www22.big.or.jp/~bnp

読める 書ける 使える
図説
神代文字入門
原田 実著
コミック・ゲーム・映画で見た 謎の文字
練習帳で読み方をマスター
32種類の五十音表ですいすい書ける!